知识经济时代下的
人力资源管理研究

李继红　王振荣　刘金辉 ◎著

中国商务出版社
CHINA COMMERCE AND TRADE PRESS

图书在版编目（CIP）数据

知识经济时代下的人力资源管理研究 / 李继红，王振荣，刘金辉著. -- 北京：中国商务出版社，2022.12
ISBN 978-7-5103-4608-8

Ⅰ. ①知… Ⅱ. ①李… ②王… ③刘… Ⅲ. ①人力资源管理－研究 Ⅳ. ①F243

中国国家版本馆 CIP 数据核字(2023)第 012046 号

知识经济时代下的人力资源管理研究
ZHISHI JINGJI SHIDAIXIA DE RENLIZIYUAN GUANLI YANJIU

李继红　王振荣　刘金辉　著

出　　　版：	中国商务出版社
地　　　址：	北京市东城区安外东后巷28号　　邮　编：100710
责任部门：	教育事业部（010-64283818）
责任编辑：	丁海春
直销客服：	010-64283818
总 发 行：	中国商务出版社发行部　（010-64208388　64515150）
网购零售：	中国商务出版社淘宝店　（010-64286917）
网　　　址：	http://www.cctpress.com
网　　　店：	https://shop162373850.taobao.com
邮　　　箱：	347675974@qq.com
印　　　刷：	北京四海锦诚印刷技术有限公司
开　　　本：	787毫米×1092毫米　1/16
印　　　张：	11.25　　　　　　　　　　　　字　数：232千字
版　　　次：	2023年5月第1版　　　　　　　印　次：2023年5月第1次印刷
书　　　号：	ISBN 978-7-5103-4608-8
定　　　价：	72.00元

凡所购本版图书如有印装质量问题，请与本社印制部联系（电话：010-64248236）

版权所有　盗版必究　（盗版侵权举报可发邮件到本社邮箱：cctp@cctpress.com）

前 言
PREFACE

随着高新技术的迅速发展，以网络技术与信息技术为代表的知识经济时代已经到来。知识经济彰显活力与生命力，其发展的水平对国家的整体经济发展起着决定性作用，直接关系到国家的综合竞争力，而在知识经济发展过程中，人力资源有着巨大的影响。在知识经济时代下，人力资源管理作为企业获取竞争优势的工具，正面临着诸多挑战。对知识经济时代下的人力资源管理进行深入探讨，可以更好地助推人力资源管理的创新与发展。

鉴于此，笔者撰写了《知识经济时代下的人力资源管理研究》一书，全书在内容编排上共设置六章，第一章作为本书论述的基础与前提，主要阐释知识经济的发展、知识经济与可持续发展、知识经济时代下的管理创新；第二章分析资源与人力资源、人力资源的分类与特点、人力资源的数量与质量、人力资源的新发展格局；第三章主要探讨人力资源管理的内容，内容包括职责与职位管理、人力资源管理的组织架构、人力资源管理的程序、绩效与薪酬管理；第四、第五、第六章分别对知识经济时代下的高校人力资源管理创新、知识经济时代下的高校人力资源管理、知识经济时代下的企业人力资源管理展开研究。

本书立足于知识经济这一大背景，致力于寻求高效、符合实际的人力资源管理策略，来提高人力资源管理的效率，助推高校、事业单位、企业向既定的目标稳步前进。全书内容丰富，旨在针对高校、事业单位、企业的现状，制定更加科学的人力资源管理战略，推动人力资源管理的创新，提高高校、事业单位、企业的竞争力，具有很强的现实意义和实践价值。

在撰写本书时，笔者参阅了许多文献材料，在此向各位学者表达由衷的谢意。由于自身知识和写作水平有限，书中所涉及的内容难免有疏漏之处，恳请读者多提宝贵意见，以便笔者进一步修改，使之更加完善。

目 录

CONTENTS

第一章　知识经济与管理创新 …………………………………… 1

　　第一节　知识经济的发展 …………………………………………… 1
　　第二节　知识经济与可持续发展 …………………………………… 8
　　第三节　知识经济时代下的管理创新 ……………………………… 30

第二章　人力资源及其新发展 …………………………………… 41

　　第一节　资源与人力资源 …………………………………………… 41
　　第二节　人力资源的分类与特点 …………………………………… 43
　　第三节　人力资源的数量与质量 …………………………………… 47
　　第四节　人力资源的新发展格局 …………………………………… 50

第三章　人力资源管理的内容管理 ……………………………… 55

　　第一节　职责与职位管理 …………………………………………… 55
　　第二节　人力资源管理的组织架构 ………………………………… 56
　　第三节　人力资源管理的程序 ……………………………………… 62
　　第四节　绩效与薪酬管理 …………………………………………… 72

第四章　知识经济时代下的高校人力资源管理创新 …………… 99

　　第一节　高校人力资源管理 ………………………………………… 99
　　第二节　知识经济时代下的高校学生管理 ………………………… 105
　　第三节　知识经济时代下的高校教师管理 ………………………… 108
　　第四节　知识经济时代下的高校人力资源管理创新思考 ………… 110

第五章　知识经济时代下的事业单位人力资源管理研究 ……… 114

　　第一节　事业单位及其人力资源管理理论透视 ……………………… 114
　　第二节　知识经济时代下的事业单位人力资源管理 ………………… 142
　　第三节　知识经济时代下的事业单位人力资源培训管理 …………… 146

第六章　知识经济时代下的企业人力资源管理研究 …………… 152

　　第一节　知识经济时代下的企业人力资源管理重要性与要求 ……… 152
　　第二节　知识经济时代下的企业人力资源管理的角色定位 ………… 154
　　第三节　知识经济时代下的企业人力资本投资激励措施 …………… 156
　　第四节　知识经济时代下的企业人力资源生态环境建设 …………… 167

参考文献 ……………………………………………………………… 169

第一章 知识经济与管理创新

第一节 知识经济的发展

知识推动了生产的进步,推动了社会的前进,推动了文明的更替。任何一种经济形态都离不开知识的应用,其区别只在于知识应用的广度和深度的不同,以及知识在经济发展中的作用和地位的不同,其实经济发展史反映的就是人类对知识积累和应用的历史。人类经济形态从产业结构的角度来划分,可以分为采猎经济、农业经济、工业经济和知识经济。进入知识经济时代,非一朝一夕能完成的,采猎经济、农业经济和工业经济为知识经济做了铺垫和积累。原始的采猎经济和农业经济虽然历时数千年之久,但是由于工具落后,生产力低,对知识的积累远比不上工业经济,但是工业经济在推动人类发展的同时,也浪费了资源和能源。而知识经济不依赖于有限的资源,打破了收益递减规律,在发展中,促进了人类文明进程,因此备受关注。

一、经济形态的不同类型

(一)采猎经济形态

采猎经济是人类历史上最早最原始的一种经济形态。这一时期,人类的生存方式与其他动物没有太大差别,因为技术低下,更谈不上有科学,人们为了生存,只能吃现存的动植物,所以这个时期也可称为原始的采猎经济时代。到这个时代的后期,人类可以制造简单的工具;两千八百年前,人类发明了机械性弓箭。在原始的采猎经济时代,人类崇拜自然,认为自然是神秘的,一切听从于自然的安排。

(二)农业经济形态

人类历史的开始源于火的发现,人类开始农业种植也归根于火,是"刀耕火种"的知识催生了原始的农业。在1万年前,人类已经历了长期的社会生产和实践,在采集过程中，人们偶然发现采集的野生植物放在住宅周围，日后会发芽；人们又发现，用石斧、石镰砍倒树丛、野草后燃烧，再撒上种子，来年植物就长得非常好。于是人类就这样开始了农业耕种。

在农业经济阶段，经济发展主要取决于劳动力资源的占有、配置和使用。这一阶段，科学技术不发达，人类开发和利用自然资源的能力非常有限，一方面，自然资源短缺问题不突出；另一方面，人们靠天耕种，靠天吃饭。这一阶段，虽然铸铁、水利等技术对农业发展起到了一定的促进作用，但是总体上进行财富创造还是依赖于体力劳动，因此劳动力、土地等成为主要的争夺对象。这个时期，采用中央集权的中国和法国分别是亚、欧大陆劳动力经济最为发达的国家。农业经济时代，人们依然听命于自然，这一阶段，由于人们认识自然的能力低下，因此被自然的神秘所左右，人们期待风调雨顺、六畜兴旺、五谷丰登。因此，这个阶段，人与自然和谐相处。

（三）工业经济形态

工业经济阶段，经济发展主要取决于对资本、机器、厂房和自然资源的占有和配置。随着科学技术的发展，人类利用机器替代劳动力完成工作，对自然资源的开发能力不断增强，因此，在农业经济时代不曾出现的资源短缺现象，在工业经济时代已经表露无遗。从16世纪开始，自然科学技术水平提高，在这个时期，天文学、物理学、化学和生物学都得到了质的飞跃和发展，产生了科学革命和技术革命。

18世纪中叶是农业经济向工业经济转变的"分水岭"，工业经济时代可以分为两个阶段：第一个阶段是18世纪中叶到19世纪下半叶，以蒸汽机的广泛使用和发展为标志，这是一个人类"机械化"的时代。在该阶段，知识产权制度还没有建立起来，知识没有被有效地保护。第二个阶段从19世纪下半叶到20世纪中叶，以电力的广泛应用为标志，从此，人类进入了"电气化"时代。这个阶段，知识产权制度日益完善，知识被有效保护的范围不断扩大，强度不断增强，这使得技术落后的国家走模仿发展战略的成本越来越高。工业经济时代，随着人们对自然认识能力的加强，自然规律不断被人类所发现，这推动了自然科学的发展，人类企图征服自然，让自然为人类服务，以满足经济发展和享受生活的需要。

（四）知识经济形态

以原子能、电子计算机、空间技术和航空航天技术等为代表的第三次工业革命，使生产技术领域发生了全新的变革，使资本密集型工业向信息、娱乐、金融等知识密集型产业发展。这次科技革命使人类迎来了知识经济时代。在知识经济时代，科学知识、科学技术对经济发展比起以往任何时候而言都有着更巨大的推动作用。知识经济时代，必定是知识、技术和经济的紧密结合的时代。从知识到技术再到经济，我们要注重知识，但是落脚点在于经济。

知识经济阶段，经济发展主要取决于智力资源的占有和配置，这一阶段知识和技术产品成为独立的商品。知识经济阶段，人类认识和开发可再生能源的能力加强。科学技术成为经济发展的决定因素，是第一生产力。这一阶段，知识产权的保护更加严密，因此获取高端技术的成本越来越高，各国关注的焦点是自主创新。

知识经济开始于20世纪后半叶，它以信息技术的成熟与广泛使用（特别是因特网的广泛使用）为显著标志。知识经济的主要特征有：以数字化信息革命为推动力量；以可持续开发和可共享的智力知识作为主要资源；以知识和信息为主要产品；以知识和信息服务行业为主要产业，以收益和规模报酬递增为原则；以知识的研究、开发和创新为管理的重点；以非标准化和分散化的生产为主要生产形式，社会主体和分配方式改变；以经济的可持续发展为目标。

知识经济时代是人类对工业经济带来的消极影响进行反思后，力图寻求一种更为科学的发展模式，其指导思想是促进人、科技与自然的和谐发展。尊重自然规律，发挥人类智慧，利用人类智力资源无限的条件，促进人类、科技与自然可持续发展。

二、知识经济产生及特征

（一）知识经济的产生

"知识经济是以知识和信息为基础的经济"[①]，人们经常听到信息经济、智力经济、高科技经济、高技术经济、高新科技经济、信息技术经济、数字化经济、新经济等这些名称，其实这些就是指知识经济，只是采用了不同的"知识表现形式"代表它。

1. 知识重要性日益凸显

人类发展史就是一部知识积累史，但是知识对人类社会经济的推动作用以及人们对知识重要性的认识程度是不同的。如今，知识在推动经济发展中的作用有目共睹，一国的竞争力取决于该国的生产力水平，而该国的生产力水平又取决于科学技术水平。因此，知识的重要性正在日益凸显。

2. 科学技术自身的发展

知识推动经济发展的必要条件是知识、科学技术本身要得到充分的积累和发展。随着第三次科技革命迅速发展，知识更新的速度加快了。这次知识革命对人类有史以来积

---

① 莫玲娜. 知识经济与现代企业管理创新 [M]. 成都：电子科技大学出版社，2015：2.

淀的知识进行了全方位的变革，并且有了重大的创新。这次知识革命使计算机有了自己的编码语言，这是自阿拉伯数字出现以来最为重要的一次革命。知识的编码化与数字化是信息技术发展必不可缺的重要条件和重要组成部分，它加快了可用知识存量的增长速度和知识流量的流通或传播速度。计算机和网络技术已经渗透到知识生产、流通和使用的各个环节中，加速了知识与经济的结合速度，使知识与技术融为一体。

3. 经济发展的迫切需求

如果没有经济和社会发展对科技提出各种各样的要求，科学技术也得不到发展，更不可能成为第一生产力。知识经济的兴起，是由于工业经济的发展所带来的负面影响，迫切需要寻求一种新的经济发展模式，以改变"生产过剩"与"资源短缺"的内在根本矛盾。生产过剩打破了工业经济认为可以无限扩张的神话，需要科技来创造新的需求。工业经济时代的盲目扩张，过度开发，破坏了自然环境，使人与人赖以生存的自然环境之间的关系紧张。我们在满足当代人需要的同时必须考虑到子孙后代的需要，不能在当下就用尽了子孙后代的资源和利益，因此这就对科学技术提出了新的要求——用智力资源的无限性代替自然资源的有限性，在发掘和满足当代人需要的同时，也能满足后代人的需求和利益，实现收益报酬递增规律。只有当科技的推动和社会需求结合的时候，科学技术才能成为第一生产力，才促进了知识经济的出现。

（二）知识经济的体系

知识经济是建立在知识和信息的生产、分配、使用之上的经济，这说明知识经济是以知识为主要生产要素的经济，它通过对知识的生产、分配和使用来创造社会财富，它既不同于农业社会的靠体力促进经济发展，也不同于工业经济社会以资本和技术为主要生产要素，通过掠夺、破坏生态环境来达到创造社会财富的目的。"知识经济社会是靠智力这种无限资源来促进经济发展，使人、科技和自然和谐共处，实现可持续发展战略"[①]。

1. 知识经济时代的知识生产

知识经济的知识生产是知识经济体系的基础，指的是知识产品被生产出来的全过程。尽管创新是新知识产生的唯一渠道和所有知识的最终来源，但它并不是所有知识产生的唯一路径，而是知识产生的主要路径，所以知识生产主要是指通过研究开发（基础研究、应用研究和技术开发）而获得新的知识的过程。

基础研究是指为获得关于现象和可观察事实的基本原理及新知识而进行的实验性和理论性工作，它不以任何专门或特定的应用或者使用为目的。这样的研究因为短期内无

---

① 王永杰，张略. 知识经济与创新 [M]. 成都：西南交通大学出版社，2014：36.

利可图，所以企业一般不愿意投资，主要是通过高校和政府资助的研究机构的科研工作人员来完成，他们在确定专题和安排工作上灵活性比较大，束缚性小，因此创造性大。通过基础研究获得的知识，由于系统性和深入性，往往比经验性知识更容易传播，更容易被社会消化、吸收。

应用研究是指为了获得新知识而进行的创造性的研究，它主要是针对某一特定的实际目的或者应用目标。应用研究是将理论发展为实际的应用形式。基础研究获得关于现象和事实的基本原理的知识，不考虑其直接应用，而应用研究有特定的应用目的；基础研究对成果的实际应用前景不关注，而应用研究必须明确达到实际应用目标的技术、方法以及途径等。

技术开发是把研究所获得的发现或者一般科学知识应用于产品和工艺上的技术活动，即指利用从研究和实际经验中获得的现有知识或者从外部引进技术，为生产新的产品、装置，建立新的工艺和系统而进行实质性的改进工作。

2. 知识经济时代的知识分配

知识分配同知识生产一样重要，没有知识分配就不可能产生知识经济。知识产品的分配是指知识的扩散和传播。知识的扩散和传播可以在不同时代或同一时代的不同空间进行，从而使知识从知识拥有者手中扩散到接受者手中，使不同个体之间可以互相分享知识。知识传播比较复杂，可以是有偿的，也可以是无偿的，可以出于商业目的，也可以是为了个人学习。知识传播是知识经济有效进行的保证，是知识生产和使用之间的桥梁，是知识消费的前提。

知识传播的方式有教育、社会培训、各种媒体信息网络和商业传播。知识经济时代，由于信息技术的快速发展及电子计算机的广泛使用，网络成为知识传播的主要平台，数字技术和智能信息网络将知识传播带入一个前所未有的新时代，虽然传统的传播方式依然存在，但是"点点交互"的传播方式渐成主流。互联网技术使得知识传播更加快捷、及时、方便和廉价。

3. 知识经济时代的知识使用

知识经济的知识使用即知识产品的消费，它不同于一般的商品消费，一般的商品"消费"在满足某种一次性或持续性需求后其价值和形式会消失和转移，如食品消费后就会消失，机器消费后不断折旧，最终成为废品；而知识产品在使用后不仅不会消失，还可以以原态存在，并且在消费的过程中还能产生新的知识。

（三）知识经济的特征

第一，知识经济以"知识"或者"智力资源"为第一生产要素。任何经济活动都离不开知识，但是知识对经济发展的贡献程度从来没有如此大，知识在人们的意识中也从来没有如此重要。在农业经济和工业经济中，"知识"只是作为辅助性要素存在，但是在知识经济时代，则恰恰相反，虽然经济发展依旧离不开资本、自然资源，但是"知识"已成为第一生产要素，对经济的贡献率最大。知识经济主要是以智力资源等无形资产的投入为主的经济。

第二，知识经济以"高科技产业"为支柱产业。知识经济时代，与工业经济时代相比，产业结构发生了重大的调整。科学技术产品成为独立的商品，科学技术产业成为主导产业，它在促进经济增长中起着决定性的作用，在国民经济中所占的比重也是最大的。利用高新技术创造的知识密集型产品所带来的财富远超出工业经济传统技术带来的物质财富。

第三，知识经济以收益和规模报酬递增规律为原则。工业经济时代遵循的是规模报酬递减规律：随着生产要素的不断投入，当经济增长到达极限后，成本不断增加，收益和规模报酬递减。而在知识经济时代，知识的无限性、不损耗性打破了报酬递减规律，出现报酬递增规律。因此，知识经济中智力资源创造的财富远远大于自然资源投入所创造的财富。

第四，生产方式以非标准化和分散化为主要形式。有别于工业经济时代为了节约成本，创造更多利润，采用的大规模标准化生产，知识经济时代寻求小批量、多品种、灵活定制的非标准化产品生产形式，这是因为随着科学技术的不断发展，科技产品的更新换代速度越来越快，选择小批量可以迅速改变策略，寻找更好的替代技术。同时人们的消费水平也越来越高，要求产品"个性化"和"多样化"，因此产品需要多品种，并且能够根据客户的要求进行灵活定制。

第五，知识经济是人与科技、自然可持续发展的经济。在工业经济时代，经济增长主要依靠自然资源的不断投入，在高消耗和高污染的情况下，实现经济的快速发展，这必然会导致人与自然关系紧张。而在知识经济时代，知识是主要的生产要素，高科技产业是主导产业，依靠智力资源创造社会财富，造福人类，不需要过度开发自然资源，人与自然必定会处于更高级的和谐状态，实现可持续发展。

三、知识经济对社会的影响

"知识经济"是相对于"农业经济"与"工业经济"的新的经济形态，任何一种社会经济形态都是社会生产关系的总和。当工业经济取代农业经济时，农业经济时代的所有生产关系以及建立在这种生产关系之上的所有的社会关系和思想观念都进行了改变；当知识经济取代工业经济时，同样会进行彻底的社会生产关系的改变，形成新的生产关系以及建立在这种生产关系之上的社会关系和思想观念。因此，知识经济必定推动人类社会生活方式发生重大的、全方位的变革。

（一）知识经济对思想观念的影响

在知识经济时代，人类生存的社会经济基础发生了彻底的改变，这必将使人们的思想观念、兴趣爱好、风俗习惯、审美情趣等思想文化因素发生重大的变化。在这一时代，由于智力资源成为第一生产要素，人们会改变现有的对社会财富、权力、地位的占有方式和拥有量，因此也会改变其对财富、地位、权力等的观念。智力、知识必须以人为载体，知识的增加需要不断地学习，因此人们对教育思想、方式、手段等的观念也会改变。教育手段进一步智能化，学习教育必将终身化、社会化，素质教育将会取代应试教育，成为教学活动的主流。

（二）知识经济对产业结构的影响

农业经济时代以第一产业为主，第二、第三产业为辅；工业经济时代以第二产业为主，第一、第三产业为辅，高科技信息产业是依附于第二、第三产业而存在的。许多正在发展的国家的第二产业的比重还很大。知识经济时代，以信息、新材料、新能源、环保、航天航空、海洋等高科技产业为主，这些产业有别于第一、第二和第三产业，被称为"第四产业"，因此知识经济时代，产业结构会从三产业向四产业过渡。

（三）知识经济对生产方式的影响

在工业经济时代，体力劳动和资本占据着重要的地位，人的数量和资本投入越多，规模越大，竞争力越强；知识经济时代，知识和智力是核心，是第一生产要素，经济的增长靠智力资源的不断投入。因此，知识经济时代，劳动力结构会发生变化，体力劳动者将不断减少，脑力劳动者会不断增加，知识产品成为社会的主导产品。企业的竞争也不再是工业时代的价格、规模竞争，而是创新能力的竞争，谁拥有创新能力，谁能生产出最新的高科技产品，谁就能主导市场，赢得竞争。

（四）知识经济对生活与消费方式的影响

随着信息技术和网络技术的发展，人们会了解到更多的社会生活方式来改变现有的生活和工作方式。在工业经济时代，人们在家里或者其他地方上班几乎是不可能的；但在知识经济时代，由于投入更多的是脑力劳动和脑力思维，工作脱离办公室和作业现场成为可能。

由于信息网络技术的发展，各种各样的商务平台的出现，网上购物已经成为很多人

---

① 第四产业是指对本身无明显利润但是可以提升其他产业利润的公共产业。也可以称之为知识产业，或者信息产业。

的主要购物方式,网上购物方便、快捷,不需要花时间和精力去实际的百货公司、超市,节省了大量的时间成本和交通成本。生活在不同城市、不同国家的朋友之间的通信和交流也变得非常便捷,可以用电子邮箱发邮件,也可以用腾讯QQ等聊天工具进行即时信息聊天,当然也能进行视频聊天,现在高科技的视频手机也已经面市,人与人之间的空间距离缩小了。知识经济时代,不需要走出家门,也可以做国际贸易。同时,网络也成为人们生活学习的一个好的平台,有任何不懂的知识都可以通过搜索引擎搜索,知识的获取比任何一个时代都要便捷。

第二节　知识经济与可持续发展

一、知识经济的相关理论支撑

(一) 经济学理论

1. 资本决定理论

资本决定论认为,经济发展的关键因素是资本。在资本产出率相对不变的条件下,经济发展主要取决于储蓄率即资本积累率的高低。"哈罗德—多玛模型"可视为其经典理论。"哈罗德—多玛模型"的中心思想是:产量(或收入)增长率提高到它所引起的投资恰好能吸收本期的全部储蓄的程度,乃是实现经济均衡增长的基本条件。这其实也就是凯恩斯的"投资等于储蓄"的观点。"哈罗德—多玛模型"的核心是,资本的不断形成是经济持续增长的决定因素,它建立在凯恩斯理论的基础上,并把这一理论动态化和长期化,从而提出了一个新的经济增长理论,这是对古典增长理论的复兴。

2. 技术决定理论

在知识经济时代,技术独立地表现为经济发展的主导要素。技术决定理论的基本内核是强调科学技术决定一切,只承认科学技术的作用,认为只有科学技术才是社会进步的决定因素和动力,否认生产关系的作用,而认为科学技术直接决定社会发展。技术决定理论建立在这样两个原则基础上:一是技术是自主的;二是技术变迁导致社会变迁。技术决定理论可分为两大类:强技术决定论和弱技术决定论,技术决定理论认为技术是决定社会发展唯一重要的因素,弱技术决定论则主张技术与社会之间是相互作用的。

3. 制度决定理论

制度决定理论主要包括产权的经济分析、交易费用理论等。不同的产权界定代表不同的资源配置效果，进而决定经济运行的效率。新制度经济学认为，产权是人们使用资源的排他性权利，有三种类型：使用权、收益权和让渡权。产权明晰具有激励作用，有助于节省交易成本，提高资源利用的效率和社会福利。部分企业的存在就是为了节约市场交易费用，即用费用较低的企业内交易来代替费用较高的市场交易；企业的规模被决定在企业内交易的边际成本等于市场交易的边际成本或等于其他企业的内部交易的边际成本的那一点上。交易费用会对制度结构和人们的经济选择产生影响，进而影响产权分配和执行的方式以及决定社会的经济后果。事实上，产权与交易费用密切相关，互为因果。一定的制度安排由交易费用决定，而交易费用反之又被产权结构和性质所决定。因此，交易费用的载体和决定因素在于产权结构。制度决定理论认为，制度是对一个国家经济发展具有决定作用的因素，制度是造成发达国家与发展中国家差异的根本原因。制度是为决定人们的相互关系而人为地设定的一些制约，分为非正规约束制度和正规约束制度。制度提供人类相互影响的框架，确定着竞争规则，从而构成一种社会特别是经济秩序。

（二）管理学理论

1. 人力资本理论

在知识经济中，人力资本在经济发展的资本结构中的分量日益加重，已经成为影响经济发展的决定要素。人力资本理论是知识经济理论体系中一个非常重要的理论。人力资本理论的主要内容包括：①人力资源是一切资源中最主要的资源，人力资本理论是经济学的核心问题。②在经济增长中，人力资本的作用大于物质资本的作用。人力资本投资与国民收入成正比，比物质资源增长速度快。③人力资本的核心是提高人口质量，教育投资是人力投资的主要部分。人力资本的再生产不仅是一种消费，更是一种投资，这种投资的经济效益远大于物质投资。教育是提高人力资本最基本和主要的手段，所以也可以把人力投资视为教育投资问题。生产力三要素之一的人力资源显然还可以进一步分解为具有不同技术知识程度的人力资源，高技术知识程度的人力带来的产出明显高于技术程度低的人力。④教育投资应以市场供求关系为依据，以人力价格的浮动为衡量符号。

人力资本与知识经济之间有着深刻的内在逻辑：人力资本催生了知识经济。随着知识经济的不断发展，人力资本与物质资本相互博弈的结果将改变经济增长方式，人力资本理论的创新和延伸自然也要符合未来知识经济社会的发展要求，适应知识经济社会是以知识生产和创新为特征、以人力资本为基础的高智能型社会这一变化。因此，为了保证人力资本理论的活跃性，符合事物是在不断变化中发展这一客观发展规律，人力资本的含义及其理论自身也需要不断地丰富和完善。全球经济一体化和知识化，是世界各国经济发展的必然趋势，也引起了各国经济日益激烈的竞争。在日益激烈的市场竞争中，关键是人才的竞争，而人才竞争力的形成，要求加强人力资源的开发、管理和利用，充分发挥人力资本在国民经济建设中的作用。

2. 知识管理理论

（1）企业知识管理的核心。企业对知识管理，不是孤立地停留在对隐性知识或显性知识的管理上。实际上，隐性知识和显性知识是相互依存、相互联系、相互补充的，正是在它们二者相互转化的过程中，才迸发出思想火花，成为知识创新的源泉和产品创新的源头，促成知识"螺旋式"的上升过程，从而达到个人和组织知识存量的不断增加。基于把知识划分为显性和隐性知识，企业知识管理的核心便是促使两大类知识的自身转化及相互转化。此外，知识管理存在于不同的层次上，它与创造知识的实体有关，即分为个人的、小组的、企业的和企业间的，企业知识的管理主要是针对企业的知识创新这个层次，使个人知识转化为企业知识。

第一，隐性与显性知识自身及相互间的转化。隐性知识与显性知识转化历经以下四个循环阶段：

社会化阶段：社会化阶段是指从一个个体的隐性知识到另一个个体的隐性知识的传播过程。这是人类知识传播最古老也是最有效的方式。社会化阶段是一个共同分享个人的经历、经验，转而创造新的隐性知识的过程。通过隐性知识的社会化阶段将隐性知识进行传递、共享及创新，增强组织的竞争能力，已成为企业知识管理中非常重要的环节。在这一过程中，参与者不使用语言也可以从别人那里获得隐性知识，如徒弟仅凭经验、模仿和实践就可以学会手艺。获得隐性知识的关键是实践和经历，企业应提供一个进行创造性对话的场所，促进成员之间经验与知识的共享和交流。

外部化阶段：外部化阶段是通过类比、隐喻、假设、倾听和深度谈话等方式将隐性知识转化为容易理解和接受的形式，即把隐性知识表达成显性概念的过程。将隐性知识转化为显性知识是典型的知识创新过程。人们将自己的经验、知识转化为语言可以描述的内容，是从感性知识提升为理性知识，将经验转变为概念的过程。知识显性化的目的在于知识的共享，通常情况下，只有那些具体的、操作性强的或常规的知识才可以进行传播，深层次的知识则不易为他人获得。因此，实施知识管理首先要采集和加工可以显性化的隐性知识。

组合阶段：该阶段是显性知识到显性知识的转化，是一个建立重复利用知识体系的过程。这一知识扩散的过程，通常是将零碎的显性知识进一步系统化和复杂化，它重点强调信息的采集、组织、管理、分析和传播。经过隐性到隐性,再到显性的转化过程,人们头脑中的显性知识仍是零碎的、非格式化的。企业将这些从个体员工收集到的零碎显性知识进行加工整理并用专业语言表述出来,形成一般的显性知识,最终浓缩为企业的核心知识。这样,个人知识就上升为了组织知识,就能更容易地为更多人共享和使用,进而实现组织的正常运营和创造组织价值。

内部化阶段:内部化意味着新创造的显性知识又转化为组织中其他成员的隐性知识,其实质是一个学习的过程。显性知识隐性化的目的在于实现知识的应用与创新。知识的应用与创新是知识管理的终极目标,组织能否在竞争中占有优势取决于组织能否充分利用知识,能否不断地创造出新的知识,进行知识的更新。只有当通过社会化、外部化、组合获得的知识被内部化成个人的隐性知识,形成一种共享的心智模式和技术诀窍的时候,它们才会变成有价值的资产。经过内部化阶段,个人的知识得到不断积累和丰富,组织竞争力得到提高,知识管理完成一个基本循环。

在上述四种转化过程中,隐性知识向显性知识的转化是核心,是知识生产的最直接和最有效的途径。员工个人的隐性知识是企业新知识生产的核心。如何有效地激发个体的隐性知识,避免转化过程中的障碍,增加四种转化方式的互动作用,将影响企业新知识的生产水平。

第二,个人知识到企业知识的转化。高度个人化的隐性知识难于自动实现共享,企业必须以信息技术和交流媒介为基础,加强员工之间的学习和交流,构建学习型企业,使个人知识更好地转化为企业知识,实现企业内部知识共享。

个人知识到企业知识的转化过程包括五个环节:个人知识—知识阐述—知识交流—知识理解—企业知识形成。知识先存储于员工个人头脑中,正是因为人的聪明才智,原始的信息才能被转化为知识财富。个人知识必须加以阐明,才能得到他人的理解,个人的愿望才能被他人所接受,从而起到鼓舞企业的有益作用。知识交流是知识共享的重要环节,知识的传送与反馈,加强了其在企业内部的流动,信息技术为这个环节的实施提供了便利条件。在知识理解过程中,员工之间诚恳地交换各自的想法、意见,相互合作,运用集体的智慧来进行知识创新,达到知识共享的目标。在流经知识理解这个环节后,个人知识才能真正转变为企业的财富;知识只有成为企业员工所共享的财富——企业知识,才更具有生产力。

(2)知识管理的基本活动过程。知识是企业的财富,企业的知识随着企业的成长而积累沉淀下来,知识管理的实质就是对知识价值链进行管理,使企业的知识在运动中不断增值。知识管理的基本活动过程包括:知识采集与加工、知识存储与积累、知识传播与共享、知识创新与应用。这些知识管理活动构成了知识管理流程的有机整体,各项活动之间紧密联系、相互促进，在循环中得到不断地更新和提高。其中，知识的积累、共享和创新是知识管理最基本的三个原则——积累是基础，共享是价值体现，创新是最终追求。这三者是知识管理最核心的部分，是实现企业知识增值的关键。

第一，知识采集与加工。知识采集是知识管理的起点，它包括显性知识的采集和隐性知识的获取。显性知识的采集如报刊、书籍的购买等；隐性知识的获取包括人才的招聘、员工的培训等。知识采集得来的信息和知识往往是杂乱无章的，而企业需要的是对生存和成长有用的知识，因此必须对采集得来的信息和知识进行加工处理，使无序的知识转化为有序的知识。知识的加工处理就是指对知识进行分类、分析、提炼，从而形成对企业有价值的知识。

知识的获取可以通过购买技术或专利以及雇用团队和人才等方式来实现，这是直接、快速的知识获取方式，但要花费巨大的成本。当然，也可以通过不断地学习来获取知识。学习是企业和员工获取知识、促进发展、不断创新的必由之路，也是高新技术企业可持续发展的保证。为了在知识经济及全球化浪潮中获得持续的竞争优势，高新技术企业需要加强组织学习。

第二，知识存储与积累。知识存储与积累，是指将企业内外部的显性知识和隐性知识以方便员工查找和使用的形式存入企业的知识库中，同时提供便利的检索和更新方式。无论对企业还是个人而言，知识存储与积累都是知识管理和创新的基础。如果不将企业的知识及时地储存起来，那么这些知识就会随着某项具体工作的结束而消失，或者随着员工的离去而流失。正是这些信息和知识的汇聚，构成了企业的财富，形成了企业文化、企业价值和企业核心能力。因此，企业必须对信息和知识进行存储与积累，利用现代信息技术的辅助支持来实现企业知识管理系统的建立、更新和维护。知识的积累与存储要从长远考虑，对企业的知识系统应及时进行更新，长久保留与企业长远利益有关的知识，及时清理过时的知识。对需要而又缺少的知识则可以通过引进人才或员工培训等方式及时获得，并汇进企业的知识库。

知识的存储与积累是一项复杂的系统工程，它包括知识获取后的整理、分类、转换、编码、保存、管理和更新。知识存储与积累的方式是要建立企业知识库，将原来无序的、零散的、不系统的各种知识变得显性化、标准化和规范化，并为使用者提供方便快速地浏览、检索和使用知识的方式，为员工之间的知识学习、交流与共享提供便利条件。在这一过程中，显性的、系统化的和结构化的知识比较容易存储，而隐性的、经验性的和半结构化或非结构化的知识则需要通过转化和编码等处理后才能有效地存储。使用者可以利用不同的分类和索引方式，通过企业的知识管理系统来搜索和查找他们所需要的各类知识。

第三，知识传播与共享。知识传播与共享，是指一个企业内部的信息和知识要尽可能地公开，使每一个员工都能接触和使用。企业可以通过各种渠道，使知识在员工与员工、员工与企业、企业与客户之间流动，促使知识在更广阔的企业范围内实现即时、有效的传播。通过知识的互动，可以实现企业和个人知识存量的增加，加强企业与其合作者和顾客之间的相互了解。企业知识的流动速度越快、使用越频繁、应用范围越广，那么知识为企业带来的效益就越大。

知识管理的核心就是要在企业内部建立有利于知识共享的组织结构和文化氛围，使员工之间的交流畅通无阻，这样才能最大限度地发挥知识的作用。企业在实施知识共享的过程中，要注意把握诸如知识共享空间的营造、信息技术的采用和知识共享文化的建立等问题，树立员工知识共享的意识，使其成为日常工作的一部分；鼓励员工共同分享他们所拥有的知识，警惕知识利己主义，形成有利于交流合作的创造型氛围。企业可以通过教育培训活动、企业会议、员工的非正式交流、网络、刊物、宣传等方式来达到知识的有效传播与共享。

第四，知识创新与应用。知识创新与应用是知识管理的最终目标。知识应用就是指将知识运用到企业的实际经营活动中去，解决企业各业务环节中出现的问题，充分利用知识资产为企业创造价值。知识的价值实现在于被正确地掌握和应用，而知识应用的关键在于掌握知识的人。企业只有鼓励员工有效地将知识运用到实践中去，才能够真正发挥知识的作用；此外，它还通过追求新发现、探索新规律、积累新知识，达到创造知识附加值、获取企业竞争优势的目的。

知识创新也可以称作知识创造，是企业充分利用现有知识不断创造新知识的过程。知识创新包括观念上的创新、技术上的创新、制度上的创新、管理方式的创新以及发展战略的创新等；知识创新可以是企业内外部人员的思想碰撞产生新的知识，即突破式创新，也可以从过去的经营活动、经验以及现有的知识中挖掘、组合和创造新的知识，即渐进性创新。知识创新还是一个复杂的商业过程和组织过程，其背后的哲学是将技术能力与市场需要联结在一起。因此，知识创新并不仅仅是产品性能的改进问题，也不仅是流程改造、变革管理的问题，而是实现创新者竞争地位的根本性改变和谋求长远竞争优势的问题。

综合而言，知识管理是一个捕获企业集体的知识与技能，然后将这些知识与技能分布到能够帮助企业实现最大产出的任何地方的过程。知识管理通过指引和约束，促进知识生产和流动，促使企业的技术优势和市场优势全面提高，使知识在使用中实现增值，从而达到提高企业核心竞争能力的直接目的，并最终实现营造企业持续竞争优势的终极目的。

3. 智力资本管理

随着以信息产业为代表的高科技产业的迅速发展，有许多公司尤其是高科技公司的市值中，智力资本所占的比重越来越大，智力资本管理受到越来越多的人欢迎。智力资本是指个人所拥有的知识和技能，智力资本的使用者和所有者不是个人，而是企业。衡量智力资本贡献大小的根据同样不是个人收益的多少，而是企业竞争力增强的多少，这是对智力内涵由个人到组织的一次全面扩张。因此，企业智力资本是其进行投资所拥有的能为企业带来价值增值的知识及其运用能力的总和。

智力资本的评价方法总体上可以归入两种体系：一是传统的财务测量方法，这一体系又可分为成本法（直接测量法）和净现值法；二是非财务的测量方法，这一体系又可分为"平衡记分卡"和"无形资产监视器"两种方法。智力资本的评价对企业的智力资本经营有极其重要的意义，有效的评价才有有效的管理。但现实中，企业的智力资本管理情况不容乐观，很多公司几乎从未或很少对自己的智力资本进行评价，所以他们对自身所拥有的知识缺乏明确的认识，更谈不上有效的管理。企业必须充分认识到发展智力资本对企业生存和发展的重要性和紧迫性。

由于目前企业很少完整地对智力资本进行记录、统计和核算，加之证券市场的波动性，使传统的财务测量方法难以正确测量企业的智力资本，而非财务的测量方法又脱离了智力资本在企业中的客观存在，同样难以准确测量。实际上，智力资本的作用客观地体现在企业的经济效果中，应以其经济效果作为重要的评价标准。

（三）社会学理论

1. 后工业社会理论

后工业社会是指工业化以后的社会形态，是以信息为中心、以知识经济为支柱的社会。后工业社会的轴心原则就是理论知识的中心性，社会各个方面都将围绕这一轴心来运转。就知识本身而言，是一套有组织的关于事实和思想的描述，通常是理性判断或经验结果，在某种系统形式下，通过交流手段传播给其他人。工业社会资本优先，而在后工业社会知识优先，知识正在成为社会经济发展的动力，成为社会变革的力量，并且改变了工业社会中人们之间的关系。这种新关系的核心就是交流，对自我改变的反应和对各种要求的反应，是人与人之间的对话，而不再是工业社会中那种人与机器的交流。这也正是信息社会和知识经济社会来临的标志。后工业社会首先是一个知识的社会，后工业社会理论主要包括以下内容：

（1）后工业社会是不同于前工业社会和工业社会的新型社会。社会可以分为前工业社会、工业社会和后工业社会三个互有联系的不同阶段。前工业社会是指以农业、矿业、渔业、林业为主要产业的社会。这些经济部门，以消耗自然资源为主，可将其归类为第一产业。显然，这些产业易受自然环境的影响，例如，天气变化、土壤肥力下降、森林资源与矿山资源采伐、挖掘过多而含储量减少等。工业社会是指以加工业、制造业、建筑业等部门构成社会的经济结构，依靠机器大批量生产产品的社会。与前工业社会相比，该社会所占据的地域较少。

后工业社会是一个信息社会，人们的活动都与信息的搜集、传递、过滤、使用有关联。在这个时代，信息技术不仅对经济结构和劳动力构成带来了变化，而且正在越来越深入地影响到社会、政治、经济、文化等日常生活的一切领域，从而使得绝大多数社会劳动者参与从事创造、处理和分配信息的工作。新社会的战略资源是信息，尽管信息并非唯一资源，但却是一种最为重要的资源。知识正在成为社会经济发展的动力，在后工业社会，人们所从事的工作，就是使知识的生产系统化，并且不断开发智力。

（2）后工业社会是工业社会的新发展，是工业社会和未来社会之间的过渡型新社会。后工业社会的社会结构呈现了三个方面的特征：一是以知识作为社会分层之中轴的社会水平结构，即社会成员被分为包括科学阶层、技术阶层、行政阶层和文化阶层等在内的专业阶级；二是以大学、研究机构和其他知识部门为中轴的社会垂直结构，即人们的职业分别隶属于工业企业、商业公司、政府部门、大学和研究机构、公共社会部门等；三是后工业社会的政治秩序的特殊控制系统，包括指导系统和政策系统。

在后工业社会，产业结构发生重大变化：第一、第二产业将转移到第三、第四产业（智力工业，或称信息工业），第四产业在社会中占主导地位。阶级结构发生变化，蓝领工人减少，白领工人增加，工人阶级在社会中的比例下降；知识阶层扩大，将形成一个居社会统治地位的"中产阶级"。信息、知识的社会地位在不断提高，成为社会的主要财产和资本；大学、研究机构成为社会的主要活动场所；社会的统治人物是科学家和研究人员，他们通过技术力量和政治权利的平衡来体现权力；取得权利的阶级基础是专门的技术和政治组织；人们通过教育、动员和吸收等途径来取得权力。

2. 信息社会理论

物质、能源和信息是自然界提供的为人类创造性活动所必需的三个因素，其中信息是当今世界最重要而又取之不尽的资源，并且能够代替能源。信息技术是改造人类社会的强有力的因素，是为新社会的活动和观念服务的工具，其价值并不在于它们本身，而在于它们的改造能力——在农业方面，使之趋于合理经营；在工业方面，使其产能提高；在服务业方面，使其加速发展和扩大。就像工业社会取代农业社会一样，信息社会必将取代工业社会，信息社会必须全球化。

知识经济是一种信息化的经济,是微电子技术、信息技术充分发展的产物,是信息社会的经济形态,这一特征具体表现在五个方面:①信息在全社会广泛渗透和使用,信息对于政治、经济、社会、文化、道德等的影响是全面的、全方位的;②信息产业成为国民经济的支柱产业;③信息和知识成为最重要的资源和财富,国家之间、地区之间和企业之间的差距,主要表现为对信息与知识的生产、传播、使用能力上的差异;④拥有先进的信息网络,信息流动速度加快;⑤全社会生产自动化程度提高,自动化技术将在社会管理、经济管理、企业生产管理等方面全面普及。由于知识经济中信息技术的充分应用,信息成本降低,这使知识和信息的创造、储存、学习和使用方式产生了第二次革命,从而使知识的商品化、信息的商品化能力大大提高。信息、知识应用于制造业、服务业的速度加快,进而引起全球经济增长方式发生根本性变革。经济的发展日益与信息技术的发展密不可分,社会再生产的每一个环节,都伴随着信息流,伴随着信息的获取、加工、传输、储存以及使用,从而导致整个社会经济的信息化和数字化。

信息化社会的来临,已经不再只是理论而已,它成为世界发展的目标。广泛应用、高度渗透的信息技术正孕育着新的重大突破,信息资源日益成为重要生产要素、无形资产和社会财富。全球信息化正在引发当今世界的深刻变革,重塑世界政治、经济、社会、文化发展的新格局。加快信息化发展,已经成为世界各国的共同选择。

3. 知识价值社会理论

未来社会将是知识与智慧的价值提高的社会,即知识价值社会。所谓知识与智慧价值,简单而言就是用知识与智慧创造出来的价值,就是由于反映社会结构和社会主观意识,而被社会所承认的带有创造性的知识与智慧的价值。知识与智慧提高意味着在物质财富的价值构成中,知识与智慧的价值越来越大。

知识性产业可以划为三类:第一类是生产出售专门知识的知识性产业;第二类是生产出售普通知识的知识性产业;第三类是生产出售基础知识(纯粹知识)的知识性产业。律师、会计以及各种从事咨询业务的职业,都属于出售专门知识的知识性产业;而学校、技术训练班、文化补习班等教育产业则是出售普遍知识的产业,这些生产并出售知识与智慧的产业在未来社会中将会得到很大的发展。那些纯粹的知识性产业在全社会只占较小的比重,更大的知识与智慧价值将体现在物质和服务事业中。这说明,物质财富在知识与智慧创造价值中发挥着重要作用。

知识与智慧的价值是不受材料和工艺过程的成本高低的影响的,产品的价格不再以价值为中心上下波动,且具有强烈的时间性和可变性。这就意味着,那些设计精良的产品会给企业带来巨大利润,同时由于技术和社会需求的变化,这些产品的增减幅度也是很大的。由于知识与智慧的价值具有很强的个性,因而商品的差异性也很大,可以满足人们各种不同的需求。以小型化、低耗能为特征的技术发展模式将是知识价值社会的典型特征。

二、可持续发展的内容与原则

可持续发展的本质是生态文明的发展观和实践观。这就是把包括现代经济在内的整个现代发展建立在节约资源、增强环境支撑能力及生态环境良性循环的基础之上，实现经济社会可持续发展。可持续发展道路有三个明显特点：一是必须坚持在不损害生态环境承受能力可以支撑的前提下，解决当代经济发展和生态环境发展的协调关系；二是必须在不危及后代人需求的前提下，解决当代经济发展与后代经济发展的协调关系；三是必须坚持在不危害全人类整体经济发展的前提下，解决当代不同国家、不同地区以及各国内部各种经济发展的协调关系，从而真正把现代经济发展建立在生态环境良性循环的基础上。

可持续发展是一个非常综合的、多维的概念，包括经济增长、经济结构、社会结构、社会生活、人的素质以及生态环境等多方面的内在多元的、多层次的进化过程，不仅是现在的持续发展，而且是未来能够长期支撑和维持的持续发展。可持续发展的主要内涵有六个字：需要、限制、协调。

"需要"，有三重含义：其一，既要满足当代人的需要，又不危及子孙后代的利益，也就是要兼顾眼前和长远利益。如果用过度开发资源、危害支持地球生命的自然系统（大气、水、土壤和生物）来满足当代人的需要，就会危及后代需要的满足，这种发展是不可持续的；其二，满足当代所有人的需要，尤其是基本需要——粮食、衣服、住房、就业，应放在特别优先的地位来考虑。这就要求社会必须从两个方面满足人民的需要：①提高社会生产力；②确保每人都有平等的机会。可见可持续发展既是无害于后代、无害于环境的发展，也是使人人受益的发展。其三，人类作为一种存在，有着自己的独特的需要，既有物质方面的，也有精神方面的；同时人类的需要还是一个动态的变化过程。可持续发展就是要在满足人类动态的物质和精神需要的基础上的发展。

"限制"，是技术状况和社会组织对环境满足眼前和将来需要的能力施加的限制，表现在：其一，对地球上的可再生资源的利用不能超过其再生和自然增长的限度，否则资源就会枯竭。因此，必须在考虑了发展对整个系统的影响之后，确定最高的持续产量。对于不可再生资源如石油、煤的利用，耗竭的速率应考虑那种资源的临界性，并研究可将耗竭减少至最小程度的技术的可利用性和得到替代物的可能性，即要使不可再生资源耗竭的速率尽可能少地妨碍将来的选择。其二，全球可持续发展要求较富裕的人们根据地球共生的条件决定自己的生活方式和消费方式，鼓励人们采纳在生态可能、财富可能、文化可能范围内的消费标准和合理向往的标准,确保弱势群体、弱势地区、弱势文化的生存需要。

"协调",既指人类社会与自然环境的协调,也指人类社会的系统的协调。前者特别要求人口数量和增长率与生态系统的生产潜力、资源利用和人类持续存在相协调,否则可持续发展就不能实现。后者又包括两个方面:其一,国际、国家或地区之间社会、经济、文化等各个领域的协调,采取一致措施保护环境、解决贫困、维护公平和正义;其二,人类系统中物质与精神的协调,既要强调人类物质财富的追寻,也要照顾人类精神家园的营造。总而言之,可持续发展是一种动态过程,在这个过程中,自然的开发和保护、物质文明与精神文明、当代人与后代子孙,以及国际间的合作,都是相互协调的。

(一)可持续发展的内容

可持续发展涉及可持续经济、可持续生态和可持续社会三个方面的和谐统一。换言之,人类在发展中不仅追求经济效率,还追求生态和社会公平,最终实现全面发展。因此,可持续发展是一项关于人类社会经济发展的全面性战略,其主要内容如下:

1. 经济可持续发展

经济可持续发展可以定义为不降低环境质量和不破坏自然资源的经济发展,同时还要求社会这一发展主体得到延续,它是可持续发展的重要组成部分。因此,保证经济、社会、环境三者正常运行至关重要。经济可持续发展体现的是既要重视社会、环境对经济的作用,又不可偏废经济的发展。经济可持续发展的演进说明了它处于复杂的自然—社会—经济系统中,系统须向更加均衡、和谐的方向进化,具有不可逆性,是一种正向的和有益的过程。

可持续发展鼓励经济持续增长,而不是以保护环境为由取消经济增长。当然经济持续增长不仅指数量的增长,而且指质量的增长,如改变以"高投入,高消耗,高污染"为特征的粗放式的经济增长,实现以"提高效益,节约资源,减少废物"为特征的集约式的经济增长。一方面,可持续的经济增长增强了国力,提高了人民生活水平和质量;另一方面,它为可持续发展提供了必要的物力和财力。可持续性要求在不同的尺度和进化阶段上,有一个标准去诊断、核查经济形态的"健康程度",一旦出现偏差,立刻需要协调。

2. 生态可持续发展

可持续发展要求发展与有限的自然承载能力协调,因此它是有限制的,不是简单地开发自然资源以满足当代人类发展的需要,而是在开发自然资源的同时保持自然资源的潜在能力,以满足未来人类发展的需要。正是有限制的发展,保护和保证生态的可持续性,才可能实现持续的发展。换言之，没有生态的可持续，就没有可持续发展。寻求最佳的生态系统，以支持生态的完整性和人类愿望的实现，使人类的生存环境得以持续，是经济发展的可持续性和生态可持续性的统一。因此生态的可持续性是可持续发展的前提，同时通过可持续发展能够实现生态的可持续发展。

3. 社会可持续发展

可持续发展强调社会公平，无论对怎样的国家、区域或地区，在不同时期可持续发展的具体目标是不同的，但本质是改善人类生活质量，提高人类健康水平，创造一个保障人人平等、自由，保障人人有受教育权和发展权、保障人权的社会环境。总而言之，在人类可持续发展系统中，经济可持续是基础，生态可持续是条件，社会可持续是目的。

社会可持续发展的基本内涵主要包括三个方面：第一，社会可持续发展强调对人类基本需要的满足，以人的全面自由的发展为核心。人的全面自由的发展是指社会的个人通过以他们结成的社会关系为必然形式的实践活动，使大自然演进过程和社会历史进程赋予自身的潜能素质得到充分的展开，即人的一切个性和能力都得到充分的实现和发展。这中间既包括满足人们对各种物质生活和精神生活享受的需要，又包括满足人们对劳动环境、生活环境质量和生态环境质量等的生态需求；既包括不断提高全体人民的物质生活水平，又包括逐步提高生存与生活质量，做到适度消费和生活方式文明。社会可持续发展要使人、社会与自然保持协调关系和良性循环，从而使社会发展达到人与自然和谐统一，生态与经济共同繁荣。第二，社会可持续发展是强调发展应当是"以人为本位"的发展，包括不断提高人口质量，合理调整人口结构，真正把现代发展转移到提高人的素质轨道上来，实现人口与社会其他因素之间的相互适应与协调发展。第三，社会可持续发展强调对于财富的公平分配，以公平分配，共同富裕为社会发展宗旨，达到公平性和可持续性的有机统一。

（二）可持续发展的原则

可持续发展是一种全新的人类生存方式，它不但涉及以资源利用和环境保护为主的环境生活领域，而且涉及作为发展源头的经济生活和社会生活领域，可持续发展的原则如下：

1. 共同性原则

共同性是指普遍性和总体性。由于世界各国历史、文化和发展水平的差异，所以可持续发展的具体目标、政策和实行过程不可能是一样的。但为了我们同一个家园——地球，地球的整体性和相互依存性决定全球必须联合起来，认知我们的家园。我们的目标是共同的，我们的行动是一致的。因此可持续发展作为全球发展的总目标，所体现的公平性原则和持续性原则应该是共同的。

可持续发展是超越文化与历史的障碍来看待全球问题的。它所讨论的问题是关系到全人类的问题，所要达到的目标是全人类的共同目标。虽然国情不同，实现可持续发展的具体模式不可能是唯一的，但是无论富国还是贫国，公平性原则、协调性原则、持续性原则是共同的，各个国家要实现可持续发展都需要适当调整其国内和国际政策。只有全人类共同努力，才能实现可持续发展的总目标，从而将人类的局部利益与整体利益结合起来。从根本上讲，实施可持续发展就是要促进人类之间以及人类与自然之间的和谐，保持互惠互生的关系。

2. 公平性原则

可持续发展是一种机会、利益均等的发展。它既包括同代内区际间的均衡发展，即一个地区的发展不应以损害其他地区的发展为代价，也包括代际间的均衡发展，即既满足当代人的需要，又不损害后代的发展能力。公平性原则认为，人类各代都处在同一生存空间，他们对这一空间中的自然资源和社会财富拥有同等享用权，他们应该拥有同等的生存权。因此可持续发展把消除贫困作为重要问题提了出来，要予以优先解决，要给各国、各地区的人、世世代代的人以平等的发展权。

因此，公平体现在三个方面：一是代内公平，可持续发展要满足当代人的基本需求，还要为他们创造并提供满足其欲望的机会。代内公平不仅是社会稳定的前提，而且涉及道德伦理的要求，这也是人类发展的目标之一。二是代际公平，即世代人之间的纵向公平性。要认识到人类赖以生存的自然资源是有限的，所以可持续发展要求当代人不能以损害后代人满足所需要的自然资源和环境为条件，还后代人公平的自然资源和环境的利用权。三是公平分配有限资源，即资源利用和发展机会的公平。

3. 持续性原则

人类经济和社会的发展不能超越资源和环境的承载能力。即在满足需要的同时必须有限制因素，即发展的概念中包含着制约的因素；因为如此在满足人类需要的过程中，必然有限制因素的存在。主要限制因素有人口数量、环境、资源，以及技术状况和社会组织对环境满足眼前和将来需要能力施加的限制。最主要的限制因素是人类赖以生存的物质基础——自然资源与环境。

持续性是指人类的经济活动和社会发展不能超出自然资源与生态环境的承载能力，即可持续发展不仅要求人与人之间的公平，还要求人与自然之间的公平。主张人与自然平等相处。我们在追求经济发展时必须具有长远观点，既要考虑当前发展的需要，又要考虑未来发展的需要和发展的后劲，还要顾忌自然界的承载能力。不能以牺牲未来的发展能力为代价来换取一时的高速度，不能以牺牲后代人的利益来满足当代人的发展，不能以牺牲自然生态的平衡为代价来满足人类的需要。经济和社会的发展不能超越资源和环境的承载能力。资源和环境是人类赖以生存与发展的基础，离开了前者，后者的生存与发展就无从谈起。因此，可持续发展是在保护自然资源与生态系统的前提下的发展，人类对自然资源的消耗不能超过它的临界值，也不能损害地球生命的大气、水、土壤、生物等自然系统。同时，人类应根据持续性原则调整自己的生产与生活方式，有节制地消耗资源与环境。

4. 发展性原则

发展性原则在强调发展的可持续性原则的同时，也强调了发展的必要性。认为发展是可持续发展的核心，必须通过发展来提高当代人的福利水平，那种认为我们必须停止经济发展以保护环境的观点是不可取的。人类的发展是历史的积累过程，发展是硬道理，没有当前的发展，未来的发展也就没有基础。

可持续发展道路是人类发展的必由之路，调整人与自然的相互关系，协调好经济建设和人口、资源、环境的发展关系，是当代人类实现可持续发展战略的迫切任务，也是人、社会与自然由不协调走向协调的良性循环的逻辑思维与客观实践的历史性的战略转移。人与自然的关系实质上就是对立统一的关系。一方面，两者是密不可分的，从对物质、能量和信息三者流转过程的研究中可以发现，人类的一切活动，包括生命现象，根本离不开生态和环境子系统的支持功能；同样，自然也根本不可能摆脱人类的影响，人类认识自然、改造自然的能力不断增强，原来意义上的自然到处都被留下了人的意志印记，即人化了的自然。另一方面，人与自然之间又是相互对立的，人类为了更好地生存和发展，总是要不断地否定自然，根据人类的需要改造自然；而自然同样也是在不断地否定人，否认人对自己的改变，力求恢复到自然状态。

走可持续发展道路既涉及当代经济社会的全面进步和人的全面发展问题，又涉及后代人类享有的同等发展的机会问题。因此，实现可持续发展战略必须是以解决人与自然的发展关系为根本目标，去协调人与人的发展关系，并通过协调好这种关系建立一个"生态—经济—社会"相互协调持续发展的良性循环。

三、知识经济与可持续发展的关系体现

在工业经济形态中，工业成为国民经济的主体，资本成为最主要的生产要素，而产品的分配则由生产要素的占有来决定；资产的主要形态是机器和厂房，科技进步所创造的机器及其生产力系统，提高了人类将自然资源转化为产品的能力，人类物质生活由此而丰富。但工业经济的增长方式，使资源被过度使用，环境被过度污染。以资源迅速消

耗为经济增长基础的工业经济，使生存在资源有限的星球上的人类面临着不可持续发展的威胁。

生态经济协调发展的要求，使可持续发展的资源最优配置原则区别于传统经济学的资源最优配置原则。传统经济学仅从市场层面考虑资源的最优配置，即认为市场上供给与需求均衡时，就达到了资源的最优配置。可持续发展的资源最优配置原则是同时从生态与经济协调、市场供给与需求均衡两个层面考虑资源的最优配置：首先，经济发展的规模与速度要与现有技术条件下生态系统的供给能力相适应；其次，在生态系统供给能力的基础上，如何使有限资源的配置达到市场供给与需求的均衡。

知识经济与可持续发展的内在联系包括：可持续发展是知识经济的目标，知识经济是实现可持续发展的有效途径。可持续发展具有三个显著特征：第一，鼓励经济增长；第二，以保护自然为基础，与资源和环境的承载能力相适应；第三，以改善和提高生活质量为目的，与社会进步相适应。这三个特征可总结为经济持续、生态持续和社会持续，三者互相关联。生态持续是基础，经济持续是条件，社会持续是目的。人类共同追求的应该是"自然—经济—社会"符合系统的持续、稳定、健康发展。知识使人们更深刻地认识自然规律，认识违背自然规律的严重后果。知识使人们有能力规范经济行为，遵循规律，利用规律，实现可持续发展。

（一）知识经济与可持续发展的内在特性

1. 知识经济与可持续发展具有内在一致性

（1）产生背景的一致性。可持续发展和知识经济的提出，几乎同时出现在20世纪70年代到20世纪80年代。产生于同一时代的知识经济和可持续发展，绝不仅是时间上的巧合，它们之间有着内在的、本质的联系。知识经济的悄然兴起，为可持续发展的实现带来了新的动力，是可持续发展的最佳经济形态。可持续发展是知识经济的最终价值取向，是知识经济的目标。知识经济和可持续发展的形成均是人们基于对经济发展、社会发展与人口、资源及环境问题的认识而提出并逐步形成的。

（2）发展主体的一致性。可持续发展和知识经济都强调以人为本，把人突出到更加重要的地位，同时完成了从传统的以发展的客体为中心到以发展的主体为中心的转变，即从开发自然资源为主到开发智力资源为主的转变。而以知识居于主导地位的知识经济，人的价值和作用更是不言而喻。因为只有人才能创造知识、传播知识和运用知识。自然资源是有限的，合理有序地开发有赖于人的素质的提高，人的智力资源却是无限的。

（3）发展模式的一致性。可持续发展和知识经济的一个共同特点，就是对传统发展模式的否定。所不同的是，可持续发展通过理性的批判，知识经济通过自然的实践来建立新的发展模式，即可持续发展通过合理使用和配置自然资源，以实现经济活动的生态化转向（所谓"硬化"的发展效应），知识经济通过智力资源对物质资源的替代，以实现经济活动的知识化转向（所谓"软化"的发展效应），二者殊途同归，以期实现人类社会持续、健康的发展。

2. 知识经济与可持续经济具有内在相融性

知识经济和可持续发展具有内在的相融性。知识经济和可持续发展，二者有着相同的价值追求和发展理念。作为一种新的发展观，可持续发展要求人们在发展经济的同时，不要破坏人类赖以生存的大气、水、土地和森林等自然资源和环境，力主建立一个生态文明的社会，实现人与自然的和谐、共存和共荣。知识经济作为一种有别于农业经济、工业经济的新型经济形态，经济增长直接依赖于知识和信息的生产、传播与应用，而不再主要地依靠土地、石油等自然资源的投入增加和延伸来实现。显然，知识经济的发展理念是和可持续发展思想一脉相承的，它与可持续发展有着广泛的内在联系和相融性。

（1）人类思维方式的辩证创新相融性。创新是知识经济的灵魂，同时也是可持续发展的不竭动力。知识经济的创新性要求人们必须不断进行创新，知识经济的迅速发展也推动着创新的持续深入进行。知识经济的产生和发展更离不开创新的推动，知识经济所要求的资产投入的无形化，生产要素的智能化，经济决策的知识化和经济发展的可持续化，都需要不断进行创新才能实现。

可持续发展也显现着人类创新的思想，从传统发展观到可持续发展观的转变，这本身就是人类思维方式创新的表征。因为可持续发展观是一个多层次、多要素、多目标的体系，它强调的是经济增长和社会全面发展的协调、人和自然的和谐、人和人的生态环境的协调与共同进步。可见，可持续发展在价值观上冲破了过去人与自然相对立的旧思维模式，代之以人与自然和谐统一的新思维；在发展观上突破了过去的单目标发展模式而转变为经济、社会和自然综合协调发展的多目标发展模式，这表明人类思维理念出现了重大转折，是人类发展观的一次质的飞跃。同时，可持续发展要求人们在发展经济时，不仅要考虑是否能增加生产，还要考虑这种生产的增加是否会污染环境，破坏生态平衡；不仅要看经济是否发展了、人民生活是否富裕了，还要看自然是否被破坏了。总而言之，可持续发展观要求人们考虑的问题是多方面的，不仅有多个横向关系，还有今天和明天的纵向关系，这正是创新思维的合乎逻辑的表征。创新是可持续发展的不竭动力，可持续发展的最终实现也有赖于人类的不断创新。

（2）促进社会公平方面的相融性。社会公平和人民积极参与自身发展决策是可持续发展的重要内容。知识经济不但本身是一种可持续的经济，能以最小的环境损失换取最大的经济发展，而且还可以促进社会公平。

可持续发展的目标是要满足所有人的基本要求,强调为所有人提供实现美好愿望的机会,因此公平性是可持续发展的最重要原则之一。知识经济的发展有利于实现可持续发展所要求的代内公平和代际公平。知识经济可以在不减少甚至增加自然财富的前提下,增大资本财富,实现既满足当代人的需要,又不损害后代人满足其需要的能力。因为知识经济不是主要依赖于土地、石油等地球上已经短缺的自然资源,而是主要依靠知识和信息的生产、分配与应用,通过开发智力资源,发展高新技术来实现经济快速增长的,这就把人类社会的发展从对自然资源的依赖中解放出来,从而消解了当代人与后代人在发展机会上争夺自然资源的矛盾。

知识经济还可以使财富分配变得更为公平,原因是,知识经济的发展,使知识致富、信息致富、技术致富日益成为人们增加财富、提升社会地位的主要途径。这就将使社会各阶层的人们能够根据其知识的多寡、能力的高低、贡献的大小来决定其社会地位的跌落与升迁。在知识经济中,机会将更多地取决于能力,人们在获取知识和信息上将处于同一起跑线上,随着知识密集型和技术密集型行业的崛起,将会有更多的人才在高新技术产业中就业。

(3)知识经济与人的全面发展的相融性。人是可持续发展的中心,实现可持续发展关键在人,人的素质高低直接关系着可持续发展实现的程度。因此,大力发展教育事业,用现代科技知识提高人的素质,促进人的全面发展,就成为实现可持续发展的关键一环。知识经济的兴起为人的素质的提高和人的全面发展提供了难得的历史机遇和广阔的发展空间。因为知识经济是社会生产力和科学技术高度发达的新型经济,它的发展必将有力地推动人类社会的物质文明、政治文明、精神文明和生态文明的建设,从而为消除人的异化和为人的充分、自由的全面发展,提供坚实的基础。

(4)实现自然技术科学与人文社会科学的相融性。知识经济中的"知识"是人类迄今为止所创造的一切知识的总和,包括自然技术科学知识和人文社会科学知识。自然技术科学和人文社会科学是人类科学文化必不可少的有机组成部分,是人类精神世界的两个方面,也是人类社会健康演进不可或缺的精神动力,它们都必须为人类的进步事业服务,所以二者必须进行有机结合,二者的协调发展是整个人类社会发展的基础。

知识经济较好地实现了二者之间的融合,因为知识经济是一种综合性的经济文化形态,它的发展不仅需要自然技术科学文化的强力支撑,同时也需要人文社会科学文化的价值之道,只有实现二者的有机结合,才能促进知识经济的发展。同时,知识经济的发展,不仅是一个技术问题,还是一个人的问题、企业的问题、市场的问题、政府的问题,它的发展有赖于各个方面的协力合作,这就要求社会管理方式、企业组织方式、产品流通方式、利益分配方式、法律体系、伦理道德体系等与之相适应,要求人文社会科学提供方法论指导，从而保证知识经济的健康快速发展。

可持续发展也要求自然技术科学与人文社会科学相融合，因为科学技术既可以造福于人类，也可能给人类带来巨大的负面影响。要防止科学技术给人类带来的非收益性后果，最重要的是要实现自然技术科学与人文社会科学的相互融通，以给自然技术科学注入更多的人文价值关怀，充分发挥人文社会科学的道德整合功能和价值判断功能来约束自然技术科学的非人化发展，防止知识和技术被人为地过度使用。

（5）在"以人为本"价值取向上的相融性。知识经济以人为本，就是以尊重知识、尊重人才为本，以提升人的生存质量和存在价值为本，以实现人的全面发展为本。知识经济是人本经济，人是知识经济的直接发起者和推动者，离开人的主体地位和主体性力量的发挥，知识经济就难以发展壮大。这是因为人是知识经济的核心和目的，人在知识经济中起着中介融合的作用，知识、技术、信息等要素与资源、资金、商品、区位等大经济要素的结合、融合、统一都直接体现在人身上，统一在人之中。人既是知识、技术、信息的文化载体和创造者，又直接构成了现代文明最宝贵的资源、最宝贵的财富、最宝贵的经济动力。

知识经济的发展日益依靠人才来推动，人在知识经济中发挥着越来越重要的作用，经济增长大部分要靠知识和科技进步，也就是主要依靠人和知识的因素来实现。人不仅是知识经济的推动者，更是知识经济的创造者，知识经济依靠人而实现不断创新，创新成为经济增长的不竭动力，从而推动着知识经济的飞速发展。同时，知识经济的不断发展，也对人的素质和才能提出了更高的要求，促使人们勤于学习，勇于创新，敢于超越，在发展中逐步完善自我，把自己塑造成为一个既有健全人格，又有高尚思想品德和先进科学文化素养的全面发展的人。

可持续发展是"以人为本"的发展，它的终极目标是实现人的全面发展。可持续发展的基本内涵就是人与自然的和谐发展以及当代人与后代人的公平性发展。由此可以看出可持续发展的中心是人，人是可持续发展的主体。可持续发展，实质上就是人与自然、人与社会、人与经济、人与环境、人与资源等的可持续发展。在这里，人是作为一个特殊的社会要素被看待的，各方面的可持续发展的最终目标是为了满足人类自身再生产的需要。可持续发展，不仅仅指经济增长、物质丰富，它所追求的是人类社会的永久和谐发展，包括每一个体都尽可能地全面发展。所以，可持续发展的基本指向就是以人为本，以人的全面发展为终极目标。同时，可持续发展的实现也同样离不开人。可持续发展价值观的确立与宣传，可持续发展规划的制订与落实，环境的保护与治理，资源的开发与利用等，都是靠人来实现的。因此，只有提高人的素质，开发人的各种巨大潜能，改变人的生活态度，提高人的科学文化水平、精神价值追求和道德水准，人们才会自觉地走可持续发展之路。

可见，人是可持续发展的中心，可持续发展必须且只能以人为本，才能实现它的价值目标，人类也只有实现了可持续发展，才能最终实现人的全面发展。

总而言之，知识经济与可持续发展的全面融合，将随着人类实践活动的拓展而不断深入，它必将会在更深的层面上实现新的融合，从而衍生出新的文明。知识经济与可持续发展的相融性反映了人类向更高层面上寻求和创建新的文明的开始，它是建立新的文明的基础和出发点。

（二）知识经济与可持续发展之间的辩证关系

1. 可持续发展促进知识经济诞生

从人类经济发展史来看，不同的经济时代有不同的主导生产力要素。农业经济时代，人们依靠土地和劳动力从事简单的物质资料的生产和再生产；工业经济时代，资本开始取代土地和劳动力成为经济增长的决定性力量；到了知识经济时代，知识成为经济增长的核心要素，其他生产要素、资源都要靠知识来装备和更新，知识的价值才日益凸显出来。知识之所以如此重要，就在于知识是一种特殊的生产要素，它不同于土地、资本和劳动，它取之不尽，用之不竭，是一种非消耗性、非稀缺性、可再生性的智力资源，然而知识最重要的特征是它具有边际收益递增的性质，正是知识的这种收益递增的性质改变了生产函数，使生产可能性边界外移，经济增长的效能提高，从而支持了经济的持续增长。

可持续发展促进知识经济的诞生，促进资源经济向知识经济演化，为知识经济形成以及发展提供了一个人与社会、经济和自然协调发展的环境。也就是说可持续发展是发展知识经济的必要条件，即没有可持续发展，就不可能有知识经济。可持续发展思想的形成离不开科学技术知识的发展，要实现可持续发展，必须全面彻底地变革能源技术、材料技术、通信技术、运输技术以及研制开发利用环保技术、节能技术、新能源技术、新材料技术、生物技术、生态农业技术和生态工业技术等。这些变革和新技术的开发又将大大地推动科学技术知识的发展，从而导致新技术层出不穷和科学技术的迅速发展。由此提高了工业经济的软化度，随着工业经济软化度不断提高，并且到一定程度后发生质变，被软化成为知识经济。

可持续发展思想的酝酿和形成经历了相当长的时期，它是人类以沉重的代价换来的认识成果，也是人类实践和科学技术知识高度发展的产物。值得一提的是，可持续发展思想的形成离不开科学技术知识的发展。科学技术知识创造了巨大的社会生产力，使得可持续发展成为可能。反之，可持续发展思想一经形成，又极大地推动科学技术知识的发展。

可持续发展思想的形成还表明，人类重新审视自己与自然、经济、社会的关系，重新审视自身的生存和发展，对自身的发展规律有了深刻的认识，开始从过去以消耗大量资源和破坏生态环境的经济发展模式，向以科学技术知识为基础的经济发展模式转变。换言之，为了寻求和实现可持续发展道路，人类唯一的选择就是发展和利用科学技术知识。为了实现人类社会的可持续发展，必须大力发展科学技术知识，把经济的发展建立在知识的生产、传播与使用的基础上，进而推动经济的发展进入知识经济时代。

可持续发展思想形成之后，促进了知识经济的孕育和发展，因为要实现可持续发展，仅对环境污染进行控制是不够的，必须在能源、运输、制造业、建筑业和农业技术等方面进行全面彻底的变革。这就要求人们更有效地使用能源，用清洁的可再生能源代替矿物燃料，研究开发效率更高的材料，实行封闭的工业生态循环，把污染控制在第一发生现场。为此，必须全面彻底地变革诸如能源技术、材料技术、通信技术、运输技术、制造业技术、建筑业技术和农业技术等，以及研制开发利用环保技术、节能技术、节水技术、新能源技术、新材料技术、海洋技术、空间技术、生物技术、生态农业技术和生态工业技术。这些变革和新技术将大大地推动科学技术知识的发展和经济形态的变革。事实上，现在高科技的日新月异正有力地推动全球经济结构和产业结构的变革，导致传统的以资源为基础的、劳动密集型的、高消耗的、高污染的工业逐渐被现代的以知识为基础的技术密集型的、低消耗的、清洁型的工业所取代，其结果是使众多的国家从简单的资源经济向以高科技为基础的知识经济过渡。

综观世界，国与国之间，区域与区域之间，跨国集团与跨国集团之间，地区与地区之间，行业与行业之间，企业与企业之间，以及个人与个人之间的竞争已经从追求占有资源（资本）转变到追求占有科学技术知识上来，并且这种趋势随着可持续发展意识的增强越来越强劲。因此，在资源经济或工业经济向知识经济演化的过程中，可持续发展思想起到"催化剂"的作用。

2. 只有发展知识经济才能实现可持续发展

无论哪个国家和地区，要实现可持续发展，必须解决人口、资源和环境三大基本问题。显然农业经济和工业经济都无法解决这三大问题，只有发展知识经济才能解决这些问题。知识经济本身就是促进人与社会，经济和自然协调的可持续发展的经济，只有发展知识经济才能实现可持续发展。理论上讲，知识经济和可持续发展两者都是后现代概念：知识经济是后现代经济，而可持续发展是后现代社会的发展模式；可持续发展是社会发展目标，知识经济是达到这个目标的手段。经济发达国家的后工业化和新兴工业化国家和地区都已显露出这种可行性和有效性。

（1）知识经济的发展有助于提高人口素质。知识经济发展了文化教育事业，提高了人的综合素质，增强了人们的各方面才能。因为知识经济是人本经济，它以人为中心，以提高人的素质为根本宗旨,以实现人的全面发展为终极目标。人和人所拥有的知识和能力,人的创造力与智慧,将在知识经济中受到前所未有的关注和重视,人的能力将得到前所未有的发展。知识经济的发展离不开人才的推动,因此只有不断开发人的智力,最大限度地挖掘人的潜力,不断提高人的综合素质,充分发挥人的各方面能力,才能为知识经济的发展提供充足的智力支持,这是由知识经济的内在发展要求决定的。同时,知识经济是创新型经济,是学习型经济,随着知识经济的发展,人所掌握的知识总是有限的,知识的更新、新知识的获取以及个人知识与技能素养的提高是没有止境的,客观上要求建构现代化的终身学习体系,形成一个多层次、多系列的网上学习网络,从而为全社会的终身教育、继续教育提供丰富的教育资源和广阔的学习空间,为人的全面发展提供一个有效的支撑系统。

(2)知识经济的发展有助于最终解决资源短缺,使得资源可持续开发利用。无论是农业经济时代还是工业经济时代,都是以开发和利用物质资源和能量资源为生产力的主要特征,他们的产品都是物质的,社会经济活动的主流是物质产品的生产、流通和消费,因而要求以丰富的资源和能源为基础,另外,对物质资源和能量资源的过度开发和利用导致了一系列问题。而知识经济时代是以开发利用知识资源作为生产力的主要特征,以高科技作为基础,社会经济活动的主流是知识产品的生产、传播和利用。

在农业经济时代对土地资源和人的体能的依赖很大,工业经济时代对自然资源和能源资源的依赖占大部分,而知识经济时代对于这些资源的依赖程度较低,远比农业经济和工业经济小得多。知识经济是自然资源节约型经济,它在资源配置上以智力资源、无形资产为第一要素,不依赖于土地、石油等已经短缺的自然资源。知识经济的发展主要通过挖掘和利用人类自身的智慧资源,以人的智力开发和利用为基础,逐步代替工业经济发展所依赖的自然资源来实现经济发展。与此同时,对于稀缺的自然资源通过知识和信息进行科学、合理、集合、集约的配置来弥补物质资源的不足。

(3)知识经济的发展有助于解决环境问题。只有发展知识经济,才能保护环境,实现环境的可持续利用。因为知识和信息本身就是一种无污染或低污染的生产要素,它在生产中的推广和应用,可以极大地减少污染排放。这主要通过发展高新尖技术,采用清洁生产从事生态农业和生态工业;采用生物技术处理污水,实现工业用水循环使用;采用农业节水灌溉技术,树立农业用水新观念,用水过多,不仅影响农作物的生长及产量与质量,而且更大的损失是降低了土壤的养分与肥力,科学合理的用水显得越来越重要;采用煤的汽化和液化和脱硫脱氮技术,开发无污染汽车,控制烟尘和酸雨污染;采用二氧化碳的回收与再利用技术,开发氟利昂(CEC)的替代品,保护臭氧层;采用垃圾处理技术,废物利用,变废为宝,如将它变成饲料等,减少对环境的污染。

知识经济的出现，标志着人类社会正在步入以知识资源为主要依托的经济时代。由工业经济时代转入知识经济时代，比起由农业经济时代转入工业经济时代的意义更重大，因为当今人类社会的持续发展正在遭受资源枯竭、环境污染的威胁。自然资源有限性和劳动力资源廉价优势的丧失，使这两个生产要素已不再成为经济发展的决定因素。知识经济的产生将使知识作为投入生产过程的最重要的生产要素，替代稀缺的物质资源解决人类的资源危机，为人类社会的可持续发展提供保障。

例如，知识经济时代的信息高速公路有助于我们更好地保护森林，保护生态环境。在农业经济和工业经济时代，森林与环境一度是人类文明的牺牲品。自文字发明以来，文字的记载方式都依赖于动、植物的消耗。中国最早的文字记载在龟甲或兽皮上，《论语》《孙子兵法》都记载在竹简上。自发明造纸术和活字印刷术后，纸张开始成为人类记载知识成果的主要载体。目前，全世界造纸行业每年消耗的森林资源高达数千万立方米，因造纸形成水污染，所造成的经济损失高达数百亿美元。录音带、录像带曾经是一种替代传统载体的形式，但是它无法解决共享问题尤其是异地共享问题。"信息高速公路"出现后，知识的存储方式和传播方式以一种全新的形式出现。不必借助纸张和印刷机，人们照样可以阅读书籍、翻阅报刊。人们通过互联网阅读各种版本的书籍，翻阅从前任何一个年代的报纸杂志，欣赏各个时代的歌舞娱乐节目。人们不必再大量地消耗纸张，当然也就不会再有造纸厂的污水、废气和污染物。

人力资本是可持续发展的决定因素。知识创新使得知识成为主要生产要素，知识经济成为有水之源。知识作为要素的核心之一是以智能为代表的人力资本。只有社会活动的主体——人，才能最终实现生态持续、经济持续和社会持续的统一。人类对可持续发展的认识程度，人力资源的素质，以及人对生产、生活方式的控制能力是决定三者统一的关键。在自然资源约束、环境保护、人与自然和谐的要求下，所能消耗的只能是高品质的人力资源，需要用人的聪明才智来调节上述三者的关系以达到平衡。

（4）绿色产品——知识经济有助于实现可持续发展的典型例证。一般而言，知识对任何一种新产品的贡献率超过了50%就是知识产品。目前，绿色产品已经成为知识产品的新宠。绿色产品具有以下特征：第一，节约能源。以"绿色计算机"为例，与现有普通个人电脑相比，其主机板的电源由5V降为3V，附加了停机时具有电源暂停功能的电源管理芯片，使显示器和硬盘分开设置电源，这使得计算机在睡眠时比在工作时功耗大为降低。第二，节约资源。节约资源和开发新的资源是社会经济的客观要求，适应这种要求的节约资源或替代资源的产品成为受欢迎的产品。第三，不使用有害物质。绿色产品不使用和少使用化学物质，可减少化学物质对人体健康造成的危害。第四，使用合理的包装。例如，可食性餐具在一次性使用后可以吃下去或用作肥料、牲畜饲料或燃料。

第五，产品使用后易处理、易分解。

（三）知识经济与可持续发展需要注意的倾向

1. 知识经济的理想化

作为一个新经济时代的到来，知识经济它的确为人们摆脱困境指明了方向，但一些人把知识经济理想化，认为它能解决人类遭遇的一切问题，把知识经济等同于可持续发展，只要发展知识经济，自然而然就能实现可持续发展。这种倾向是不可取的。知识经济作为一种经济形态，虽然取代了稀缺自然资源，但知识经济同样可能带来新的知识奴役、知识剥削，以及造成新的财富不均、社会不公等。发展知识经济必须以可持续发展理论作为指导，适时规范和调整知识经济的发展方向，才有可能实现人类文明社会持续、健康地发展。

2. 可持续发展理想化

全球性环境问题是导致可持续发展理论产生的现实因素，经济、社会、生态的不可持续性，都与环境问题有关，保护环境必然成为推进可持续发展战略的重要组成部分。但是可持续发展的目标并不仅是保护好环境，其核心在于实现人的全面发展、人与自然的协同进化。那种把环境保护等同于可持续发展，出现环境问题，或暂时难以解决普遍存在的全球性问题，就认为可持续发展是失败的认知是错误的，必须把环境保护与发展统一起来。

可持续发展是一项系统工程，环境保护只能治标，不能治本，必须彻底改变传统单一经济增长的发展观、极端人类中心主义的价值观和稀缺资源为主的技术系统观，以及传统的生产观、消费观等。这也不可能由一个地区、一个国家来完成。必须树立全球一体化的价值观念，建立全球性的伙伴关系，并经过长期不懈的努力，才有可能实现可持续发展的目标。

第三节 知识经济时代下的管理创新

世界正迈入知识经济这一崭新的时代，对人类社会、生活、经济各个方面都产生了深刻的影响。知识经济是以知识和信息的生产、分配和使用为基础的经济，知识资源在企业各投入要素中的地位和作用越来越大，对企业管理的影响是革命性的，必将引起传统企业管理方式和管理观念的巨大变革。

一、知识经济时代下管理创新的挑战与机遇

（一）知识经济时代下传统管理的挑战

知识经济时代，在企业与消费者关系管理方面，各种高新技术发展迅速，数字化网络发达，智能化设备大量普及，消费者创造信息的便利性极大提高，企业获得信息的途径也持续扩大。企业产品和服务从创意开启到创意确定，从正式生产到分销传递给消费者，这个过程中消费者的参与度极大提高，消费者与企业界限变得模糊，分销等中介机构的功能淡化，这些都对传统的商业模式以及顾客关系管理提出了挑战。

在企业与员工关系管理方面，企业员工在知识经济时代的主动性和创意越来越成为影响企业的重要力量，知识与知识主体的不可分离以及主体行为的不可察、不可度量使得人力资本管理也越来越困难。在工作方式上，弹性工作时向、弹性工作地点、弹性交流方式将在未来成为更受员工欢迎的模式，并可能造成新的分配不公；组织分散化要求管理加强协调与合作，管理的概念与对象也发生了变化；员工的分散化意味着传统企业管理者与员工之间的垂直金字塔式管理关系面临变革。

企业的经营方式也将伴随知识经济时代的到来而发生巨大转变。工业经济转向知识经济，产业结构从制造业主导转向服务业主导。随着消费者越来越关注个性化，传统以企业为中心的大规模生产方式将受到冲击，大部分企业都面临如何转为以顾客为中心的大规模定制的挑战。企业供应链上下游伙伴以及同行竞争者的关系在知识经济时代将发生变化，只有整个价值链获得价值优势，才能使其中的每一家企业获得优势，因此企业间的关系将更多从竞争关系转为协作共赢关系。

（二）知识经济时代下管理创新的机遇

管理作为人类社会最基本的活动之一，具有鲜明的时代特性，是随着人类社会的进步而不断发展变化的。管理与社会结构、社会经济发展水平是相辅相成的关系，一方面管理的进步会提升社会及经济发展水平；另一方面社会结构的变革和新型经济形态的出现会促使管理发生相应的变化。管理创新是企业把新的管理要素或要素组合引入企业管理系统以更有效地实现组织目标的活动，这里的新管理要素包括新的管理思维、新的管理组织、新的管理手段、新的管理模式等。"知识经济的崛起，对传统管理理论提出了严峻挑战，同时也为管理创新创造了良好的机遇"[①]。

知识经济时代的到来，呼唤管理创新的出现。知识经济为管理创新注入了推动力量，加速了传统管理方式的变革进程。当知识成为推动社会经济的重要力量，成为企业获得

[①] 王永杰，张略．知识经济与创新[M]．成都：西南交通大学出版社，2014：188．

竞争优势以及企业存活的决定性因素时，那些能够更快进行管理创新适应知识经济的企业将得以存活和发展，而那些无法进行管理变革或管理变革速度缓慢，无法适应并跟上知识经济发展节奏的企业将被淘汰。同时，知识经济带来了管理观念的创新。知识经济时代日新月异的产品与服务、新的经营方式、新的企业与消费者关系、新型商业模式、新型供应链伙伴关系不断涌现，这些都实实在在给管理者带来了观念上的冲击，使他们具备了创新管理观念的动因。而一切创新源于观念的创新，管理观念的创新将支配和主导企业各个具体方面的创新。因此，知识经济时代是在为管理创新提供助推力，是进行管理创新的良机。

二、知识经济时代下管理创新趋势与原则

（一）知识经济时代下管理创新的趋势

知识经济时代的到来，给管理创新提供了新的空间，知识经济时代下管理创新的趋势如下：

1. 管理创新的人性化趋势

古典的劳动管理理论强调以机器设备为中心的管理，工人被视为机器系统的配件，这种方式已经无法适应管理的需要。近代管理强调人对工作的适应性，建立了一套以绩效评估为核心的系统化人事管理体系，但仍未摆脱将工作放首位，员工放次要地位的思路。知识经济时代，对知识的生产、分配、使用成为企业获得竞争优势的重要方式，在这个过程中，人始终是掌握和运用知识的主体，人在工作中的能动性成为影响工作效率和质量的关键因素，"以人为中心"的人力资源管理思想应运而生。这种管理理念强调把人的发展和企业的发展有机联系，追求"人"与"工作"的相互匹配与适应。

2. 管理创新的柔性化趋势

传统的组织管理在一套完整固定的组织系统内封闭运行，这种组织系统通常长期不变，僵化而缺乏弹性。尤其是规模较大的企业，组织机构复杂，层次多，部门划分细致，横向联系少，轴向交流链条长，灵活性差，对市场环境变化的反应迟缓。但在知识经济时代，信息、知识的传递畅通，沟通简化而快速，对外界环境的应变敏捷，这就要求组织机构必须做出变革，减少层级，缩减规模，扩大下属机构的自主权，建立富有灵活弹性的柔性结构。富有弹性的柔性组织部门之间横向联系多，纵向联系便捷，各部门在经营和管理上有较大灵活性，既有利于发挥员工的专业技能和创新精神，又能够使企业领导更集中精力于重大决策，使得组织的整体工作效率提高，应对和适应环境的能力增强。

建立柔性化组织，实现柔性化管理是知识经济时代的管理创新发展趋势。目前，已

经出现了众包等创新模式，诞生了虚拟公司，通过互联网实现管理者和海量虚拟员工的无缝沟通。在未来，随着信息技术的发展，组织机构必将更加弹性和多样化。

3. 管理创新的扁平化趋势

传统的组织结构大多是垂直控制的金字塔造型，这种组织管理形式在生产主导的工业经济中是有效的，但在知识经济时代，知识的生产、分配和使用成为企业创造效益的主要手段，等级式的金字塔组织结构无法适应时代需要。原因在于这种金字塔式的组织结构为部门和人员的沟通设置了人为障碍，制造了不信任不对等的工作环境，员工之间难以自由自在地交流、学习，员工的创造性没有发挥的空间。

在知识经济时代，需要的是管理层次少的新型组织——扁平化的学习型组织。在这种组织结构下，管理淡化"管"，而更强调组织和成员之间的"合作"，淡化垂直的"指令式分派"，力求团队的"协调与指导"，小组和团队的人际沟通频繁，活动形式丰富，创造力更强。

4. 管理创新的信息化趋势

知识经济时代，信息管理成为组织管理的重要内容。新科技革命和网络技术不断发展，社会网络、云计算、基于地理位置的应用、移动 APP 等各种技术和应用不断涌现，企业的管理不仅是面对内部的物、人，还须管理海量的数据信息。这些信息来自顾客、潜在消费者、供应商、分销商、社会大众等。这些大数据越来越成为企业未来重要的资源。企业如何能够及时快速地分析和掌握必要的信息，洞悉消费者和市场的变化，从而发展出适合的产品和服务，是未来能否具备竞争力的重要因素。

管理者需要高度重视信息的作用，发展强大的信息收集能力，获取真实、准确、及时的信息，并对信息进行深入分析，挖掘有价值的内容，进行传递和利用。知识经济时代的信息化管理在企业管理中的地位不断提升，信息化管理呈现在广度、深度上不断拓展的趋势。

5. 管理创新的知识化趋势

知识经济时代的最明显特征就是知识的创造、应用和创意成为经济发展的核心力量。企业在信息化管理的基础上，还需要进一步提升知识管理水平。知识管理就是通过分享、传递和应用集体智慧，提高企业的竞争力。管理的知识化趋势意味着企业或组织需要高度重视并管理好知识资产，构建知识创造平台，建立知识分享途径，完善知识的使用和应用机制，最大限度地发挥知识的作用。企业需要不断从内外部环境的海量信息中提炼有用知识，企业的管理者和员工同样需要不断学习新的知识，提升专业知识水平和跨学科知识水平，将信息与知识、知识与人、知识与过程联系起来，不断传承和创新，实现知识的增值,才能使企业在知识经济时代立于不败之地。

随着社会经济模式的变化,组织的形式、规模、发展战略、竞争策略、市场环境、社会思想都正在或即将发生变化,通过对以往观念思想的反思,人们有了更深刻直观的认识,承认知识是生产力。知识在最终产品和劳务的价值增值中起决定作用已成必然的社会现实。于是,在对以往经济管理中的关键要素重新定位后,知识管理被置于组织管理的重要位置。

(二)知识经济时代下管理创新的原则

在知识经济时代,管理创新无论致力于通过智力资源开发来创造新财富、逐步代替工业经济的命脉和已经短缺的自然资源,还是致力于员工价值观与企业价值观的高度统一的企业文化创新,都要遵循以下原则才能是科学、有效的创新。

1. 管理创新的系统原则

知识经济的特点之一就是经济发展是人类知识能力的综合。在知识经济时代,人的综合能力已走向系统综合智能型,系统综合能力的凝聚已成为知识经济社会人的能力具有较高逻辑起点的鲜明标志。因而,知识经济下的管理创新必然遵循系统原则。

2. 管理创新的价值原则

价值原则又被称为需要性原则或科学性原则,指在创新科研选题中必须着眼于社会实践的需要和科学科技自身逻辑发展的需要。知识经济在资源配置上无论是以智力、无形资产、软产品等资源为第一要素,还是对自然资源等经济要素通过科学、合理、优化和集约的配置,都是以实现知识价值为目的。知识经济下管理创新的任务是实现知识的价值。

3. 管理创新的理性原则

理性原则是指用辩证唯物主义的科学世界观及科学发展中的基本原理评估、选择科学假说的一种方法论原则。理性原则包括两个组成部分:一是普遍的哲学原理;二是科学基本原理(如能量守恒定律、物质不灭定律)。理性原则对创新活动有着重要的指导意义,正确的哲学信念有助于指导创新者去发现事物发展的规律。同时,理性原则自身又是辩证的,它时时处于发展之中。经济全球化是知识经济时代的一大特征,全球化、国际化、世界化的浪潮席卷全球,商品国际化使世界贸易飞速发展,资本国际化使跨国公司蓬勃发展,跨国企业已伸到世界的每一个角落,技术和经济国际化,已无国界之分。管理在吸纳和改造资本、技术等方面时,只有用理性的眼光去看待、分析和接纳,才能得到健康的发展。

4. 管理创新的动态原则

科学管理把对象视为系统，管理目的是为了使系统实现最佳效益，但任何系统的正常运转，不仅受着系统内各个因素的制约，同时还受到有关外部系统的约束，随着时间、环境以及人们主观能动性的变化而发生变化。管理创新应随着对象系统的发展而不时修正控制方案，这就是所谓的动态相关特征。在知识经济社会里，社会系统之间的信息、能量、物质方面的交换和联系日益密切，技术的飞速发展，市场的瞬息万变，需求的多样化，使经济环境处于一个动态的环境之中，管理创新必须遵循动态性原则。

5. 管理创新的发挥优势原则

管理创新要从自身的长处出发，充分利用和发挥已有的优势条件，扬长避短，量力而行，形成具有特色的、有竞争能力的管理创新。在知识经济时代，经济走向全球化、国际化，企业间的竞争日益激烈，要想在经济全球化竞争中获胜，就必须发挥自身的优势，形成自身特有的企业文化，同时，创新不是全盘的否定。

三、知识经济时代下管理创新的主要策略

（一）坚持以人为本的管理策略

知识经济时代的管理创新需要做到以人为本的管理，企业需要高度重视人的作用，充分发挥人的主动性和积极性，将人才作为企业的一种战略性资源进行储备和投资，来支撑企业的整体发展战略。以人为本的管理策略可以从以下方面着手：

第一，进行情感管理。根据"复杂人""有限理性"的假设，探究心理层面的行为动机，充分通过建立感情沟通桥梁、满足员工社会心理需要等鼓励措施，调动员工的能动性和创造性。在知识经济时代，人们已不再局限于基本的生理和物质需求的满足，还希望自己所从事的工作是有意义的，个人在群体或组织中是重要的，即每个人在追求工作所带来的生活保障的同时，还有马斯洛需求层次理论模型中提到的自我实现层次的需求。因此，在知识经济时代的管理过程中，需要认真倾听员工的意见，对员工以诚相待，尊重每位员工，让员工真正地感觉自己是重要的，他们所从事的工作是有价值的。

第二，在企业或组织内部实施民主管理。知识经济时代，管理者与被管理者之间的界限将越来越模糊，并且随着各种创新型沟通工具的崛起，管理者与被管理者之间的沟通层级也越来越扁平化，这就使得员工参与管理更容易实现。在组织内部实施民主管理，让员工参与决策的制定，参与过程管理，尊重他们的想法，积极吸收他们对公司的有益建议，鼓励和支持员工的创新性想法。组织还应在领导方式上不断创新，让每个成员都有机会参与领导工作，提升成员能力，体验角色转换，发挥集体领导智慧。这样既会使

员工更加认同组织的目标设定，也会使其对决策的实施执行过程更加配合，从而使组织目标更好更快地实现。

第三，倡导和实现自主管理。将民主管理方式往前推进，即为自主管理。这种管理方式强调员工个人发展意愿与企业发展目标的有机结合，使员工在实现公司目标的同时也实现了个人目标，从而自发自愿地为企业做贡献。自主管理意味着员工的自主权更加扩大，决策权更高，可在一定范围内自行制定阶段目标，自主制定实施纲要，自行设计完成的行为并实现自我考核评估，即"自己管理自己"。自主管理的好处是缩短了行为周期，增强了个体对行为结果的评估和反馈功能，提高行为的质量和效益，增强了行为的多样性和灵活性。

（二）融合信息化进行管理创新

在知识经济时代，实施信息化管理成为企业的基础管理工作之一。科技发展日新月异，各种信息化、网络化、智能化工具不断涌现，企业需要充分借助这些先进的工具和手段，将企业的人力、物力、财务等变成实时可查、实时可控的信息流，实现高效的信息获取、搜索、传递、处理、利用等功能。更重要的是，要在此基础上，将信息化技术与管理进行融合和创新。

1. 利用信息化提升企业经营管理水平

企业利用现代化的技术手段，搭建数据平台，建立信息管理系统，使企业的采购、生产、营销、财务、管理等环节数字化、信息化，各环节的信息资源可以在企业内外部更快速地流动，实现资源的集成和共享。良好的信息化系统有助于企业降低采购成本，降低库存，提高质量水平，完善财务和客户资源管理，更精准地挖掘目标客户，提高企业总体经营管理水平，增强核心竞争力。

2. 将信息化技术与管理创新有机结合

在知识经济时代，企业的信息化不是简单使用互联网技术工具重现旧的管理流程，而是需要将信息化技术与管理创新有机结合，一方面通过信息化推动管理的创新；另一方面借助信息化的新平台使管理创新得以快速实现。

运行良好、科学有效的信息化系统是信息集成程度高、信息传递和共享快捷、信息流连贯统一的系统。这就要求企业人为分割开的业务部门紧密联系，打破信息孤岛，避免信息的重复和分散。然而，传统管理法方式下的企业大多存在一些问题，例如，企业的各部门各自为政，组织架构和部门利益导致部门间横向沟通困难，信息无法畅通传递，难以进行信息共享。同时，企业的基础数据管理参差不齐，部分业务数据仍为手工管理，部分业务已经开始信息化管理，但各个软件彼此孤立，呈现分散、滞后的状态，数据部门化现象严重，导致数据的准确性、完整性、及时性受到很大影响。

知识经济时代的信息化管理需要借助信息化力量顺势而为，推动企业的管理创新。首先，需要改变传统管理模式，实行客户导向，实施扁平化和网络化管理，也就意味着需要重新设计企业组织架构和业务流程，对企业旧的管理模式进行重组和变革，重新审视过去的企业文化、管理理念、激励制度等，借助新的信息化技术手段，构建一个内外沟通便捷、部门间协作配合度高、信息资源共享的环境。其次，在知识经济时代，企业要充分利用信息化技术对商流、物流、资金流和信息流进行记录和控制，逐步实现商流、物流、资金流和信息流的协同及扁平化的流水线管理，使企业的采购、生产、营销、财务、管理等环节的数据可以随时调用、流动，又能实时监控，使企业在知识经济时代能够应变灵活，及时把握市场变动趋势，赢得竞争先机。

（三）用柔性管理进行管理创新

知识经济时代，智力资本对企业的重要性日益超越传统的生产要素，如土地、厂房、材料物资等，这对传统的管理方式提出了挑战。组织的扁平化、网络化，运营的弹性化、柔性化日益重要。人的智力活动尤其是创造活动成为未来企业制胜的主要法宝，而柔性管理正是适应知识型企业管理趋势的一种管理创新方式，对创造活动的管理具有特别的意义，因此，柔性管理是知识经济时代企业管理创新的重要方向。

"柔性管理"是与"刚性管理"相对的一种管理方式，刚性管理是以规章制度来管理和约束员工，而柔性管理是以"人性化"为标志，不依靠强制外力，而依靠非强制的人格化管理，从内心深处激发员工自发、自觉、主动的创造精神和内在潜力。柔性管理依据人的心理和行为规律，创建平等尊重、民主管理的氛围，倡导自觉、主动和创造的企业家精神，注重目标的价值引导，强调人性、弹性和变化，通过教育、协调、激励、差异性互补、知识和贡献，对管理对象进行软控制，使员工心情愉悦、积极主动地将企业目标与个人目标融为一体，为个人和企业的发展不遗余力，实现知识价值的转化，为企业创造竞争优势。在知识经济时代，企业的管理创新向柔性方向发展可以从以下方面着手：

第一，组织结构柔性化。柔性管理是建立在组织成员关系平等、合作共享的基础上的，这就要求组织结构柔性化。组织柔性化要求组织结构简洁，层级扁平，组织边界网络化，给基层员工较高的授权。柔性化组织强调部门之间的无缝沟通，注重成员之间的信息传递与知识共享，塑造员工之间的信任感和团队合作精神，使员工能够积极主动地发挥个人自觉性，创造性地完成企业目标，使组织能够具备灵敏应对环境的能力，灵活快速地配置企业资源，以适应知识经济时代的市场需求变化。

第二，管理决策的柔性化。传统管理模式下，由企业少数领导者确定公司的发展目标和前景，之后层层分解目标，号召全体员工共同完成。这些决策目标的选择依靠的是最优化决策原则，寻求最优解。决策的确定过程通常很少有基层员工的参与，较少考虑不确定条件和人们的有限理性成分，其结果是决策主观、片面，可能出现较大失误，并导致员工对目标的理解和认可度常与高层领导者之间存在偏差。管理决策的柔性化要求决策目标的选择要充分考虑现实条件和人性特征，追求满意原则而非一味追求最优化原则。在决策目标确定过程中，应发挥柔性思维，激发相关员工的智慧，让员工可以独立发表建议，参与决策，管理者综合考虑后，达成共识目标。这样既能够避免少数人决策出现的失误，也能使企业的目标更易获得员工的认同与支持，目标的分解和执行也将更容易完成。

第三，奖酬机制的柔性化。奖酬机制是人力资源管理制度的核心，是引导员工工作和努力的方向。柔性管理需要柔性化的奖酬激励与之相匹配。知识经济时代，从事创造性工作的高素质员工是企业的核心资产，而创造性工作过程充满不确定性，伴随着探索和失败，工作成果难以使用刚性的量化指标直接衡量，因此，奖酬机制也需要柔性化。柔性管理强调以人为本的管理，尊重人性特征，依据人的心理特点进行非强制管理，而人性特征是多维度的，人的需求也是多层次的，如马斯洛提出的需求层次理论表明人有生理需求、安全需求、归属需求、社会尊重需求和自我实现需求，人们工作除了获得基本的报酬支持生理需求、安全需求外，还需要寻找工作的意义和个人价值的实现，尤其是知识型员工的创造性活动，高层次的需求满足是员工工作的主要动力来源。因此，柔性的奖酬机制应注意物质奖励、精神奖励、个人全面发展的有机结合，为员工提供丰富的工作内容，提高工作的意义和挑战性，及时采取多种精神奖励形式认可员工的工作成果，帮助员工个人获得更好的发展，从而最大限度地激发员工的主动性和创造性，实现个人和组织的长远发展。

（四）用知识管理进行管理创新

知识经济时代，知识是企业的核心战略资源，知识就是企业的生产力，企业能否获得竞争优势取决于能否对知识资源进行有效开发、利用和管理。然而，与传统的有形资源，如厂房、机器设备等相比，知识资源是一种无形资源，知识的创造、分享过程也不易监控，这就使得知识管理的难度加大。因此，知识经济时代下的管理创新需要实施有效的知识管理。

1. 建立学习型的组织

企业的管理不论遵循哪些理论，都可以分为两种类型：等级权力控制型和非等级权力控制型。工业经济时代，大多数企业采用等级权力控制型管理，构建了层级分明的金字塔形组织结构。在这种组织结构下，普通员工与领导地位不对等，交流方式是从上而下的单向信息传递；员工无法与管理层充分沟通，更倾向于隐藏自己的真实想法；横向部门之间各自为政，沟通障碍更为明显，阻碍了知识的分享和吸收，遏制了创意的产生。现代企业依靠分工、负责制对组织进行切割，使人们的行动与企业整体运营结果之间相距甚远，人们只关注自己负责范围内的片段工作，对整体缺乏考虑，也不需要对整体的结果负责，从而没有动力来有效学习并修正行为，结果导致企业丧失系统学习思考的能力以及整体动态的配置能力。

要实现有效的知识管理，应推行无等级权力控制型管理，即需要构建学习型组织，破除以往的沟通障碍，重塑沟通文化和价值观。学习型组织的理想形态是层次扁平化、组织信息化、结构开放化，成员之间是平等的伙伴关系而非从属关系。学习型组织鼓励内部成员之间的沟通与交流，并为团队与外部环境的沟通搭建了良好渠道，使团队或个人能从内外环境中迅速摄取新的知识资源。组织内成员奉行终身学习、随时学习、工作与学习相结合的原则，使工作和个人成长有机结合。学习型组织强调团队合作以及系统观念，要求以团队为单位进行深度会谈，进行系统非线性的思考，并不断创新。学习型组织的构建使知识的创造、获取和传递更为熟练，并且学习型组织具有自我修正功能，能够不断适应新的知识和环境。

2. 设立知识主管职务

知识主管是指为适应知识管理的需要而在企业内部设立的一种新式高级经理职务，专门负责富有价值的知识的获取、保存和分享。在企业中，关键的企业资源，如资金、人力资本等，都需要专人或专业机构负责和管理，才能实现企业良好运作。在知识经济时代，知识成为企业的核心资源，也需要有专人或专门机构负责管理，才能实现知识资源的有效运作。知识主管需要对公司的知识管理工作担负明确责任，能够对企业内部创造的知识进行良好的组织，并能从外部的大数据中挖掘有用知识，将知识资产进行提炼、整合和创造，转换为能给公司创造价值的管理、产品或服务。在未来，知识主管在企业中地位的重要性甚至会超过行政主管或财务主管。

3. 构建知识共享机制

静态知识产生的力量是有限的，只有分享和交流才能够真正发挥知识的价值，产生更大的力量。知识共享使企业团体和个人的知识结构相互补充，知识交流使观点出现碰撞产生启迪，使得新知识的创造和新创意的激发成为可能。要让所有成员体会到知识共享的重要性，感受到企业对知识共享的重视以及对知识创造者的尊重，需要在组织内部建立知识共享的机制，依靠机制形成知识共享的生态环境。建立知识共享机制，需要从以下方面工作着手：①建立知识共享的评价指标体系，如知识分享频率、知识分享贡献度、知识创新成果等，针对不同层次人员不同类型的知识，应有不同的权重，以此来调动群体创造知识的积极性。②明确知识考核的评价原则，例如，事前评价与事后评价结合、过程评价与结果评价结合、简化易操作等原则。③建立知识共享的奖惩制度，使员工的知识共享评价考核结果，与奖金分配制度挂钩，确保知识提供方获得合理的回报和知识产权保护，使知识的供需市场良性发展。④借助强大的信息技术手段，构建知识管理信息化系统，使知识的收集、分享、整理、分析和应用更为快捷方便，从而使知识创造和知识分享成为全体员工日常工作的自然行为，知识共享也将得以更好地持续进行。

第二章　人力资源及其新发展

第一节　资源与人力资源

一、资源

"资源"是对一国或一定地区内拥有的物力、财力、人力等各种物质要素的总称。资源从不同的角度,可以被分为不同的类型。如从有形与否来看,资源可被分为有形的资源和无形资源,有形的资源如自然资源、人造资源等,无形资源如品牌资源、信息资源、人力资源等。在企业经营中,资源被认为是为了创造物质财富而投入于生产活动中的一切要素,具体包括自然资源、资本资源、信息资源、人力资源等。其中,自然资源是指凡是自然物质经过人类的发现,被输入生产过程,或直接进入消耗过程,变成有用途的,或能给人以舒适感,从而产生有价值的东西。资本资源泛指一个经济体为了生产其他的物品而生产出来的耐用品,如机器、道路、计算机、卡车、钢铁厂等。信息资源是对企业生产及管理过程中所涉及的一切文件、资料、图表和数据等信息的总称。"人力资源被认为是生产活动中最为活跃的因素,是一切资源中最重要的资源"[1],也是需要重点研究的核心资源。

二、人力资源

人力资源是一定范围内的人口总体所具有劳动能力的总和,或者是能够推动社会和经济发展的具有智力和体力劳动能力的人的总称。具体到一个组织,人力资源可以看成是组织所拥有的能达成其组织目标的具有体力和智力劳动能力的人口总和。

人口资源是一定范围内的人口总体,这里的一定范围即指一个国家或地区。人口资源主要体现为数量上的界定,是其他有关人的资源基础。劳动力资源是指一个国家或地

---

[1] 褚吉瑞,李亚杰. 人力资源管理[M]. 成都:电子科技大学出版社,2020:4.

区在劳动年龄范围内具有劳动能力的人口总和,即人口资源中在劳动年龄范围内且有劳动能力的那一部分人。人才是具有一定的专业知识或专门技能,进行创造性劳动并对社会做出贡献的人,是人力资源中能力和素质较高的劳动者。人才是我国经济社会发展的第一资源,突出体现为劳动力资源中优秀的那一部分人。

人力资源强调人们所具有的能够推动国民经济和社会发展的智力劳动和体力劳动能力,因此超出了劳动力资源的范围,涵盖了全部人口资源中具有劳动能力的人。人口资源是对一定范围内人口总量的界定,其中,具有劳动能力的那一部分人是人力资源;人力资源中处在法定劳动年龄段的劳动力人口即为劳动力资源;人才资源是劳动力资源中比较杰出和优秀的人。人口资源和劳动力资源侧重于人的数量和劳动者的数量,人才资源强调人的质量。广义的人力资源突出人口数量和质量的统一,狭义的人力资源更为侧重企业劳动力的素质。

人力资本是以人为载体,表现为人的知识、技能、经验和技术熟练程度等,即表现为人的素质和能力,而人的素质和能力又是通过人力投资获得的。人力资本是对人力资源的开发性投资所形成的,并以一定人力存量存在于人体内并可带来财富增值的资本形式。人力资本具有七种特性:第一,不可视性,即指人力资本以潜在形式存在于人体之中,只有通过劳动或生产活动才能体现出来;第二,收益递增性,即指人力资本的产生过程和消费过程相统一,是一种具有收益递增性的高增值资本;第三,依附性,即指人力资本依附于人的身体和物质资本而存在;第四,个体差异与私有性,即指人力资本是蕴藏于人体内的能力,具有与人体不可分割的特性,这决定了其必然受人的心理、意识等多种因素的影响,从而具有异质性和私有性;第五"用进废退"性,即指人力资本兼有自我累积和闲置状态贬值的特点;第六,外溢性,即指人力资本不仅影响自身,同时还会影响其他变量;第七,社会性,即指由于人力资本的载体——个人本身是生存于特定的社会环境中,它必然受到各种社会条件的制约。

人力资本的本质是对人这种经济要素资源进行投资、积累资本、获取收益回报的资本创造方式和过程。人力资本将人力资源——人的体质、智力、知识、技能、素质等看作可以用来投资增值的标的物或资本的一种状态,通过对人力资源投资开发,提高体现在劳动者身上的体力、智力、知识和技能等人力资本品质与含量,再通过人力资本在生产劳动中的转换价值和收益递增性,最终带来资本增值。从人力资本和人力资源两者的理论联系看,先有人力资本概念和理论,后有人力资源概念和理论。人力资源是对人力资本内涵的继承、延伸和深化,人力资本理论是人力资源理论的基础。从人力资本到人力资源实际上是需要一个智力加工的过程,前者是后者的重点和基础内容,后者是前者的继承和发展,二者关系密切。

人力资源与人力资本的区别具体表现在：第一，理论视角不同。人力资源将人力作为财富源泉看待，从人的潜能与财富间的关系角度强调人力作为生产要素在生产过程中的生产创造能力；人力资本则主要研究存在于人体中的能力和知识的资本形式，强调以某种代价所获得的能力或技能的价值，付出的代价会在人力资本的使用中以更大的价值得到回报。第二，内容侧重不同。人力资本强调劳动的非同质性，研究人力的价值和增值的速度和幅度；人力资源除人力资本涉及的内容外，还要分析人力资源的形成、开发、使用、配置、管理等多种形式及其规律。第三，量的规定性有区别。人力资源主要是存量含义，人力资本兼有流量和存量的概念特点。人力资源量的规定性表现为一定时期和空间内劳动力人口的数量和素质，人力资本量的规定性表现为投入在教育、培训和健康等资本在人身上凝结的多少。第四，内容的广泛性和外延有区别。作为具有劳动能力的人口的生产要素资源而言，人力资源的经济学内容较人力资本更为广泛且丰富；人力资源的外延也要大于人力资本。

第二节　人力资源的分类与特点

一、人力资源的分类

下面主要探讨企业人力资源的分类。"企业人力资源主要指企业内外具有劳动能力的人的总和"[①]。根据不同的分析目的，企业人力资源可有不同的分类。我国传统企业人力资源分类是典型的职能分类，基本沿用原劳动部统计企业人员的分类，即把企业中所有职能依据工作性质、权责大小、难易程度及所需的资格条件顺序，先横后纵地归入不同等级，作为员工劳动报酬、任免及考评的基本依据，主要有直接生产人员和非直接生产人员两大类，直接生产人员包括直接从事生产操作的工人和工程技术人员；非直接生产人员包括管理人员、后勤服务保障人员、其他人员，其中，管理人员包括行政管理人员，工程技术人员（专职工程技术人员、业务技术管理人员），党群工作人员；后勤服务保障人员包括后勤保障人员、文教卫生人员、其他福利工作人员；其他人员包括长期学习人员、长期休病、伤假人员、提前内退人员、外派的仍由原单位支付工资人员等。

企业从业人员分类主要包括：第一，按人员类型分，包括在岗职工、劳务派遣人员、其他从业人员三类；第二，按职业类型分，包括中层及以上管理人员、专业技术人员、

---

① 李燕萍，李锡元. 人力资源管理 [M]. 武汉：武汉大学出版社，2020：9.

办事人员和有关人员、社会生产服务和生活服务人员、生产制造及有关人员五类；第三，按用工形式分，包括全日制人员和非全日制人员两类。这些分类主要可用来反映企业人力资源的使用情况。

随着我国社会整体进入移动互联网技术时代，企业用工方式变革，出现灵活用工，企业人力资源类别越来越丰富。灵活用工也被称为灵活就业，分别是从用人主体和劳动者角度来描述劳动力市场灵活性的两个名词。灵活就业是中国官方使用的概念，其定义是在劳动时间、收入报酬、工作场地、社会保险、劳动关系等方面（至少一方面）不同于建立在工业化和现代工厂制度基础上的、传统的主流就业方式的各种就业形式的总称。

目前，灵活用工（灵活就业）方式非常广泛，根据不同标准可做不同分类。一般可以把灵活就业分为六类，即生存型的社会劳动组织就业、其他非正规部门就业、正规部门中的灵活就业、劳务派遣型工作、闲散劳动、自由职业者。但目前在法律上和实务上均还存在多种理解：只要是非劳动关系之外的用工形式都属于灵活用工；灵活用工应当体现在雇佣关系的灵活性上；灵活用工体现在工作时间的灵活性上；企业拥有控制人员随时进入和退出的权利，这就是灵活用工。

显然，新技术革命使生产资料出现了数字化、信息化、智能化、网络化趋势，企业人力资源与生产资料的结合呈现出就业关系灵活化、工作碎片化、工作安排去组织化的特征，出现了新的就业业态或新的企业用工方式：一是电商平台就业形态，以淘宝平台最具有代表性；二是创业式就业模式，依托孵化器、企业创业平台的创业者就业模式；三是分享经济就业模式，如美团、58到家等平台最具代表性。零工经济或分享经济的发展进一步推动我国劳动力市场的极大灵活性，创造了许多新型的就业岗位。"互联网＋"就业无论是技术水平、应用范围还是就业规模均居世界前列。灵活用工方式的蓬勃发展既颠覆了传统用工体系，也对我国企业人力资源管理，劳动关系管理带来巨大的挑战。

此外，从管理研究与管理实践视角看，企业人力资源存在不同的分类。根据员工代际间的差异可以将员工分为新生代员工与"老一代"员工。与"老一代"员工相比，新生代员工具有高度成就导向和自我导向，注重平等，追求工作与生活的平衡，在自我情感、物资环境、革新特征和人际关系等工作价值观方面存在差异，对新生代员工要实施有针对性的管理措施。从人力资本价值和独特性两个维度可以将企业人力资源划分为四种类型：第一，高价值、高独特性的，即企业的核心人力资源；第二，高价值、低独特性的，即企业的通用人才；第三，低价值、高独特性的，即企业的特殊人才；第四，低价值、低独特性，即企业的辅助人才。企业核心员工不仅是企业内部关键知识和技能的拥有者，也是丰富行业经验和资深专业能力的拥有者，市场稀缺且短期培养难度高，极具有市场价值。

二、人力资源的特点

人力资源是社会生产活动中最基本、最重要的资源,与其他资源相比较,它具有以下特点:

(一)能动性特点

能动性特点是人力资源区别于其他资源的最根本所在,许多资源在被开发的过程中,完全处于被动地位。人力资源则在被开发的过程中具有能动性,主要表现在:一是人的自我强化,即人通过学习能提高自身的素质和能力;二是选择职业,人可以通过市场来调节,选择职业是人力资源主动与物质资源结合的过程;三是积极劳动,这是人力资源能动性的主要方面,也是其发挥潜能的决定性因素。人能积极主动地、有目的地、有意识地认识世界和改造世界;人能通过意识对所采取的行为、手段及结果分析、判断和预测。人所具有的社会意识和在社会生产过程中所处的主体地位,使人力资源具有能动作用。对人力资源能动性调动的程度直接决定着开发水平。这一特点也被概括为"可激励性"。这就要求企业在进行人力资源开发工作时,必须充分注重对人的积极性的调动。

(二)两重性特点

人力资源既是投资的结果又能创造财富,具有既是生产者又是消费者的两重性。用于对人力资源的投资包括教育投资、卫生健康投资和人力资源迁移的投资,人力资本投资的程度决定了人力资源质量的高低。因为人的知识是后天获得的,为了提高知识与技能,就必须接受教育和培训,就必须投入财富和时间,投入的财富构成人力资本的直接成本(投资)的一部分。人力资本的直接成本(投资)的另一部分是对卫生健康和迁移的投资。个体的人由于投入了大量的时间用于接受教育以提高知识和技能,失去了许多就业机会和获得收入,构成了人力资本的间接成本(即机会成本)。从生产与消费角度看,人力资本投资是一种消费行为,消费行为是必需的,先于人力资本收益,没有这种先前的投资就不可能有后期的收益。此外,人力资源与一般资本一样具有投入产出的规律,并具有高增值性。因此,我们既要重视对人口数量的控制,更要重视对人力资源开发和人才培养。

(三)智力性特点

人不仅具有能动性,且拥有丰富知识与智力内容,人把物质资料作为自己的手段,在改造世界的过程中,创造了工具,通过自己的知识智力,使自身能力不断扩大,创造数量巨大的物质资料。尤其是新科技革命的兴起、高科技的迅速发展，使人们视野不断扩大、知识智力急剧发展，人们普遍认识到世界上的一切都有可能做到，都是可设计制造的。人力资源的智力性特点表明人具有巨大潜力。此外，人的智力具有继承性，这使人力资源所具有的劳动能力随着时间的推移，还能得到积累、延续和增强。

（四）时效性特点

人力资源是存在于人的生命之中，是一种具有生命的资源，其形式、开发和利用都受到时间方面的限制。从总体上看，作为生物有机体的人，有其生命周期，不能长期蓄而不用。人能够从事劳动的自然时间被限定在其生命周期的中间一段；在不同年龄段，能从事劳动的能力也不尽相同。从社会角度看，人力资源的使用也有培养期、成长期、成熟期和老化期，且不同的年龄组人口数量及其间的联系，也具有时效性。因此，开发人力资源必须尊重其内在规律性，使人力资源的形成、开发、分配和使用处于一种动态的平衡之中。

（五）开发持续性特点

一般而言，物质资源的开发只有一次、二次开发，形成产品使用之后，就不存在继续开发问题了。但是，人力资源则在使用后还能继续开发，使用的过程也是开发过程，且这种开发具有持续性。人在工作以后，可以通过不断学习更新自己的知识，提高技能；且通过工作可以积累经验，充实提高。因此，人力资源能够实现自我补偿、自我更新、自我丰富和持续开发。这就要求对人力资源的开发应注重终身教育，加强其后期的培训与开发，不断提高其德才水平。尤其随着适应高科技时代的知识结构、科学技术迅速发展，知识更新快，人需要不断学习、不断充实和提高，所以对人力资源的开发也是持续不断的过程。

（六）再生性特点

经济资源分为可再生性资源与非再生性资源两大类，非再生性资源是不能依靠自身机制恢复的资源，其特点是在其使用中有可耗竭性；可再生资源是在开发和使用过后，只要保持必要的条件，可以再生的资源。人力资源的再生性是基于人口的再生产和社会的再生产过程，通过人类总体内各个个体的不断替换更新和劳动力消耗—生产—再消耗—再生产的过程实现的。人的再生性除受生物规律支配外，还受到人类自身意识、意志的支配，受到人类文明发展活动的影响，受到新科技革命的制约。

（七）时代性特点

人是构成人类社会活动的基本前提，一个国家的人力资源在其形成过程中受到时代条件的制约。人从出生就会遇到既定的生产过程和生产关系，社会发展水平从整体上制约着这批人力资源的数量与质量，以及人力资源素质的提高；他们只能在时代为他们提供的条件下，努力发挥其作用，这就是生产力水平不同的国家人力资源素质之间存在差距的原因。即使在同一国家、同一个省区，社会经济发展水平不同，人力资源的素质也会不同。

（八）社会性特点

每一个民族（团体）都有其自身的文化特征，每一种文化都是一个民族（团体）共同的价值取向，但这种文化特征是通过人的载体而表现出来的。每个人受自身民族文化和社会环境的影响不同，其个人价值观也不相同，在生产经营活动以及人与人交往等社会性活动中，其行为可能与民族（团体）文化所倡导的行为准则发生矛盾，可能与他人的行为准则发生矛盾。这就要求人力资源专业人员注重团队的建设，注重人与人、人与群体、人与社会的关系及利益的协调与整合，倡导团队精神和民族精神。

第三节 人力资源的数量与质量

"一个国家或地区的人力资源丰度不仅要用其数量来计量，也要用质量来评价。数量反映了可以推动物质资源的人数，质量反映了可以推动哪种类型、哪种复杂程度和多大数量的物质资源"[①]。

一、人力资源的数量

人力资源的数量是对人在量上的规定性，是指一个国家或地区拥有的有劳动能力的人口资源，亦即劳动力人口的数量，具体反映为由就业、求业和失业人口所组成的现实人力资源。劳动力人口数量统计与不同国家对"劳动适龄人口"或"劳动年龄人口"的规定相关。需要注意的是：在劳动适龄人口内部存在一些丧失劳动能力的病残人口；在劳动年龄人口之外，也存在一批具有劳动能力，并正在从事社会劳动的人口。计量人力资源数量时，应当考虑上述两种情况对劳动适龄人口数量进行修正。由此，一个国家或地区的人力资源数量由以下部分构成：第一，适龄就业人口，即处于劳动年龄、正在从事社会劳动的人口，构成人力资源数量的主体；第二，未成年劳动者或未成年就业人口，即尚未达到劳动年龄，但已从事社会劳动的人口；第三，老年劳动者或老年就业人口，

---

① 褚吉瑞，李亚杰. 人力资源管理[M]. 成都：电子科技大学出版社，2020：12.

即已超过劳动年龄，但继续从事社会劳动的人口；第四，求业人口或待业人口，即处于劳动年龄之内，具有劳动能力并要求参加社会劳动的人口；第五，就学人口，即处于劳动年龄之内，正在从事学习的人口；第六，处于劳动年龄之内，正在从事家务劳动的人口；第七，处于劳动年龄之内，正在军队服役的人口；第八，处于劳动年龄之内的其他人口。

通常情况下，人力资源数量在统计与使用中常常区分为以下两种口径：一是现实人力资源数量与潜在人力资源数量。现实人力资源数量即指在现实国民经济活动中已被利用的人力资源数量，表现为已就业的人口和正在谋求职业的人口，亦称经济活动人口。二是人力资源数量统计中的绝对量与相对量。人力资源绝对量是指包括上述现实人力资源数量与潜在人力资源数量之总和，其大小反映一个国家或地区实力。人力资源相对量又称为人力资源率，即指可以动员投入劳动运行的人力资源数量比例，是人力资源绝对量占总人口的比例，也是反映经济实力的更为重要的指标。一个国家或地区的人力资源率越高，表明该国家或地区的经济有某种优势。在劳动生产率和就业状况既定的条件下，人力资源率越高，则表明可投入生产过程中的劳动数量越多，从而创造的国民收入也就越多。所以，该指标可用来比较国家与地区之间人均人力资源拥有量：人力资源率越高，表明可以投入经济运行的人力资源越多，作为单纯消费者的人口越少。

影响人力资源数量的因素主要有三方面：第一，人口总量及其再生产状况。劳动力人口是人口总体中的一部分，人力资源数量又体现为劳动人口数量，因此，人口总量及通过人口的再生产形成的人口变化决定了人力资源数量；人口的状况决定了人力资源的数量。第二，人口的年龄构成。人口的年龄构成是影响人力资源的一个重要因素。在人口总量一定的情况下，人口的年龄构成直接决定了人力资源的数量。第三，人口迁移。人口迁移可使一个地区的人口数量发生变化，继而使人力资源的数量发生变化。

二、人力资源的质量

它是人力资源在质上的规定性，具体反映在构成人力资源总量的劳动力人口的整体素质上，即指人力资源所具有的体质、智力、知识和技能水平以及劳动者的劳动态度。在统计与使用中，平均寿命、每万人口拥有的医务人员数量、人均日摄入热量等指标可反映健康卫生状况；劳动者的人均受教育年限、每万人中大学生拥有量、大中小学入学比例等指标可反映教育发展程度；劳动者技术职称等级比例、每万人中高级职称人员所占比例等指标可反映劳动者的技术状况；工作的满意程度、工作的努力程度、工作的负责程度、与他人的合作性等指标反映劳动者的态度。

（一）人力资源质量的影响因素

第一，遗传和其他先天因素。人的体质和智能具有一定的继承性，这种继承性源于人口代系间遗传基因的保持，并通过遗传与变异使人类不断地进化、发展。人口的遗传从根本上决定了人力资源质量及最大可能达到的限度。但不同的人在体质与智力水平上的先天差异比较小，这不包括因遗传病而致残的人。

第二，营养因素。营养因素是人体发育的重要条件，一个人儿童时期的营养状况必然影响其未来成为人力资源时的体质与智力水平。营养也是人体正常活动的重要条件，充足而全面地吸收营养才能维持人力资源原有的质量水平。目前，生活标准在全世界普遍得到提高。随着我国社会经济的发展以及医疗卫生保障体系的不断完善，人力资源质量也不断提高。

第三，教育方面的因素。教育方面的因素是赋予人力资源质量的一种最重要、最直接的手段。教育使人力资源智力水平和专业技能水平都得到提高。人类体质尽管在不同民族、不同国家、不同个体之间具一定差异，但从智能，即在文化水平、专业技术水平方面的差异看是比较小的。一个国家或地区人力资源丰富程度不仅要用数量计量，更重要的是用人力资源质量评价。世界经济竞争和科学技术的进步，以及中国经济实现高质量发展，对人力资源质量提出了更高要求。人力资源质量的重要性还体现在其内部的替代性上，即人力资源质量对数量有较强的替代性，而数量对质量替代作用较差，有时甚至不能替代。为此，人力资源开发的目的在于不断提高人力资源质量。

（二）人力资源质量的构成要素

第一，身体素质。身体素质是形成劳动者劳动能力的基础，是反映一个国家或地区人力资源质量的重要指标。通常而言，身体素质的衡量指标包括体质、营养构成、精神状态、忍耐力、适应环境的能力等。

第二，文化素质。文化素质是衡量劳动者受教育程度以及文化科学知识的修养状况。受教育状况既包括学校教育的情况，也包括非学校教育如自学的情况。在学校教育中，学历教育和非学历教育都可提高人力资源的质量。需要说明的是，文化素养既包括人们的学历等理论知识学习的情况，也包括参加实践的情况。

第三，能力素质。能力素质是一个人具有从事某些职业劳动所需要的专门技能，它关系到劳动者能从事哪些行业的工作。这些技能大多数是通过职业培训或专门训练所获得的，但也有很多是靠自学或在实践中逐渐摸索出来的。需要说明的是，随着社会的发展，社会对人力资源的能力素质要求可能会不断变化，例如，当社会主要处于劳动密集型行业为主时，可能只会对劳动者的低端劳动技能提出要求；而随着资金密集型和技术密集型行业占据主要地位时，大多数低端劳动技能的掌握者都面临着提升劳动技能的压力。

第四，思想素质。思想素质主要涉及劳动者的思想意识和道德品质等内容，会对他们从事工作的绩效产生重要影响。例如，一个人对国家持有何种态度、能否与他人处理好各种关系，能否将工作与家庭做好区分等，都会影响到他们的工作绩效。

（三）人力资源质量的衡量条件

通常而言，人力资源的质量没有单位，也难以直接衡量，决定一个国家或地区人力资源质量的要素是很多的，通常可以从以下方面来进行衡量：

第一，从教育与培训的投资多少衡量。可以从一个国家或地区对教育和培训的投入状况来衡量该地区的人力资源状况。常见的一些具体指标可以有两个方面：一是条件投入，如校舍面积、仪器设备、实验基地、教育与管理人员等；二是运行投入，如教育与培训人员的工资水平、管理费用、办公费用、教材费用、设施维护费用、教学费用等。

第二，从人力资源的专业技能结构的状况衡量。通常而言，专业技能的结构合理状况会影响到人力资源质量的状况。但是，不能仅仅衡量人力资源的专业结构状况，而应当看这种结构是否与社会需要相匹配。如果一个社会所需要的人力资源中，有大部分与第三产业有关，而该社会中的人力资源专业技能结构中与第三产业相关的占到了大部分，那么两者就能匹配，是合理的；反之，则说明不够合理。

第三，从社会风尚状况来衡量。如果一个社会中的人们以艰苦奋斗、勤俭朴素等优良作风为主要追求的社会风尚，那么整个社会所能集聚的力量无疑是十分庞大的。

第四，从社会经济发展状况与潜力衡量。社会经济发展状况与潜力和人力资源质量状况可以说是相互关联、互为影响。一方面，社会经济发展状况给人力资源质量的发展提供了条件，例如，随着我国社会经济的快速发展，人们在物质、精神、教育等多方面得到极大提升；社会经济发展潜力又给人力资源质量的发展提供了方向。人们应该思考掌握哪些技能方能适应未来社会的需要。另一方面，人力资源的质量又会影响到社会经济发展的状况和潜力，当前我国各方面高素质人才的具备，促进了我国在交通、通信、航天、大数据等行业方面的飞速发展。

第四节　人力资源的新发展格局

一、人力资源是经济发展格局构建的重要依托

具体的、现实的人创造了生产发展的全部历史，支撑起经济发展格局演变的过程。

生产过程是劳动者与生产资料结合的过程，劳动者作为生产过程的主体，大规模、高素质的劳动者群体是提升社会生产率、实现社会化大生产的根本动力。现代社会中人对经济发展具有重要价值，离开大量的人力投资，要取得现代农业的成果和达到现代工业的富足程度是完全不可能的。人力资源"从数量的角度，是社会上具有劳动能力的人；从质量的角度，是劳动力的素质，即人力资本"[①]，是影响生产力水平的重要因素。作为生产力与生产关系矛盾运动结果的经济发展格局，是在一定发展阶段中，由生产、分配、流通、消费各环节组成的经济循环运转的主要范围，虽然受发展阶段中生产力水平与时代条件的影响而不断改变，但任何形式的经济发展格局都是在人的主导之下形成的，进入现代社会以来，人力资源成为推动经济发展格局形成、变迁的主要动力。

（一）人的素质：经济发展格局变迁的核心要素

历史唯物主义将生产力视为推动经济发展格局变化的重要力量，而全人类的首要的生产力就是工人，劳动者。人通过劳动实践改变世界，也同时改造着自身的力量，迸发出人的生产力，这种自然力是劳动者自身智力与体力的组合。随着人的智力与体力的发展，生产力水平也不断提高，表现为通过劳动人化自然界的范围与程度随之增大，生产交往下的经济循环的范围也逐渐扩大，经济发展格局也不断得到拓展。在不同历史时期，人的智力与体力在生产力结构中呈现出的不同占比，影响了经济发展格局的表现形式与变化周期。在古代农业社会中，在体力为主导的生产劳动支持下的生产交往范围是受限的，以家庭为单位的封闭式经济循环是这一时期经济发展格局的表现形式。

随着对人之于经济发展价值意义的重视，经济发展格局不断在突破中重构。理论上，自亚当·斯密在《国富论》中提出人口增长利于经济发展的论点，古典经济学派与新古典经济学将人口作为经济增长的变量之一。现实中，通过发展学校教育、推行工人培训、传播健康知识等系列与提高人口素质相关的实践，推动了科学技术飞速发展，工业革命与产业革命也随之而来。机器大工业的普及逐渐瓦解传统封闭式的经济发展格局，使得国家范围的内部市场得以形成，国家范围内的经济循环对人口素质有着更高的期待。而后，人的智慧衍生出的科学技术，推动着生产与消费向着世界性的方向扩张。

在近代工业社会中，经济循环的立足点由国内市场拓展至世界市场，国内国际双循环的经济发展格局初成体系。由于人的智慧、知识、科学等方面素质的发展，由人创造的智慧生产力也在不断飞跃，带来了以信息技术为主的第三次科技革命，全球化的生产交往成为时代趋势，国内国际双循环成为经济发展格局的常规样态。同时，"信息的作用

---

① 郭熙保. 发展经济学[M]. 北京：高等教育出版社，2020：151.

高度强化，劳动者正逐步摆脱机器的统治，成为一代崭新的专业技术型劳动者"[①]，决定着在以知识创新为基础、以科学技术应用为标志的知识经济时代下经济发展格局的走向。人的知识、智慧等要素通过作用于现实生产力的发展，决定着经济发展格局的形式。尤其是在数字经济时代，人工智能正成为引领科技创新和产业发展的核心力量，人才问题是制约该产业发展的关键。在时下的信息社会中，世界各国通过积极培养、保护优秀人才，构建并稳定经济发展格局。

（二）高质量人才：构建新发展格局的第一资源

人力资源是构建、改变经济发展格局的重要因素，从依托人口数量到依靠人口质量，中国经济发展格局逐渐完善、丰富。人力资源与新发展格局之间的辩证关系表现在以下方面：

第一，人才是实现供需高质量平衡、区域经济协同参与运转内外循环的智力支持。首先，人才是形成有效供给的必要保证。新发展格局需要以创新驱动为发展动能，自主创新能力是构建新发展格局的关键问题，创新型科技人才是解决自主创新问题的充分条件。同时，人才也是优化制造业发展、提升供给能力的基础，根据《中国制造2025》要求，"加快培养制造业发展急需的专业技术人才、经营管理人才、技能人才"，由高素质的技能型人才队伍打造的升级版制造业能为新发展格局提供高效供给。其次，人才是扩大内需的重要动力。中等收入群体规模的扩大利于形成强大的国内市场，从而带动消费结构优化升级。消费成为拉动经济增长的第一动力，通过实现稳就业、人力资本的合理适配等措施增加劳动者工资收入是扩大中等收入群体、释放消费潜力的前提。最后，人才是推进区域产业协同发展的关键因素。通过人才流动带来的技术、资本等生产要素的流通，实现为欠发达地区补短板、发达地区促转型，进而在全国经济平衡发展中构建融通互补、共同参与的新发展格局。

第二，人力资源既是构建新发展格局的手段方式，也是构建新发展格局的目的旨归。相较于以保证经济高速增长为核心的传统经济发展格局，新发展格局的价值导向是在保证国民经济良性运转的基础上解决社会主要矛盾，实现人与社会的协同发展。新发展格局要坚持构建供求不断趋向均衡的国民经济循环，结构性均衡有利于解决发展不平衡的问题；增强对供给侧的科技支持，提升供给水平，解决发展不充分的问题，以平衡充分的发展满足人民日益增长的美好生活需要，这是新发展格局的归宿。

[①] 许崇正. 人的发展经济学教程——后现代主义经济学[M]. 北京：科学出版社，2016：113.

二、努力打造与新发展格局相适应的人力资源

构建新发展格局必须全面依托人力资源的优化，在保证人口规模均衡发展的同时，需要持续提升人才质量、调整人才结构、引导人才流动，从动力适配、拉升消费、区域协调的角度参与构建新发展格局，以规模足、质量高的人力资源解决科技动能、消费潜力、区域短板等问题。

（一）构建培养高水平人力资本的教育培训体系

通过输送大规模、高素质的人才优化人力资源队伍，多维度提升创新型人才水准，可以增强驱动新发展格局的动力适配性。提升人力资本水平归根结底需要落实在具体的、不同类型的教育培训中。

第一，深化高等教育的普及化发展，扩大人才基数。要继续扩充高等教育各层次的规模体量，扩大各层次的招生人数，实现整体社会劳动力素质的提升，特别要重点扩张专业型研究生的人才培养数量，提升技能型人才的整体素质，打造善于解决复杂问题的创新型工程师队伍。持续优化终身教育体系，规范发展多类型的技能培训活动，突破体制内教育中人力资本投资的局限，持续性更新技能型人才专业知识储备，全面提升现有技能型人才的人力资本，在顺应终身教育的战略下，充分发挥线上与线下等手段方式的优势，丰富以互联网、云计算、大数据、人工智能等为内容的高端技术培训资源，旨在打造体力与脑力、理论与实践并进的新时代劳动者，为新发展格局输送兼具专业性与创新性的大国工匠。

第二，改革高等教育内部的人才培养结构，形成以培养"大师"为目的的研究型人才培养体制。通过建设高质量高校，培养高水平人力资本，突出体制内高校在培养科技创新人才方面的优势，深化"双一流"高校建设，培养接轨世界标准的高精尖人才，引领科研攻关方向。一方面，通过加强培养基础科学领域和前沿技术领域的研究生，突破核心科学问题对新发展格局的桎梏；要促进新兴学科的普及化发展，针对新发展格局中的产业结构布局，大力发展新兴产业涉及的上位学科，通过学科融合等手段，增设智能感知、机器学习等专业，对接生物产业、新能源产业等发展需要。另一方面，高等教育应突出创新创业教育的实践导向，从构建新发展格局的需求出发，推动产学研一体化建设，实现科学与技术的结合、转化、应用，解决企业生产技术瓶颈，将人才的智力用于造福社会、建设国家之中。

（二）强化政府对人力资本结构配置的宏观调控

以新发展格局为导向，灵活合理配置现存人力资本，需要适当引入政府的干预机制，即政府通过制度性改革来发挥制度约束力，以此解决市场配置出现的错位问题。

第一，加强政府对事业单位、国有企业人事制度的改革，破除体制对人力资本配置

的利益诱导，改变劳动力市场二元分割的现象，营造行业间平等竞争的生态格局。

第二，建立技能型人力资本的激励机制，持续优化企业单位用人环境，引导技能型部门岗位建立工资长效增长机制，完善保险保障制度，稳步提升职工的福利待遇，保护技能型人力资本的劳动权益。

第三，深化社会保障体系改革，发挥好"科教文卫"等公共服务部门对人力资源优化的作用，保证劳动者及时有效地享受平等的公共服务。通过优化行业、区域间的人力资本配置，稳步提升教育投资回报率，协同扩大多群体间的工资收入，扩大中等收入群体，为稳固国内消费、提升消费动力提供保障。

第四，打造各省市地区间的人才用工数据共享系统，推进紧缺职业（人才）目录的研究制定和发布，通过利用大数据等手段，实现全国人力资源与职业适配的数据监测，以便于各地区人才引进政策、各企业用工政策的调整与更新，从而提高政府对就业问题宏观调控的效率，为教育系统内学科专业设置、人才的择业倾向提供现实参考。

（三）形成区域人力资本协调共进的人才流动机制

人力资源的新发展格局需要坚持人力资源开发与区域经济发展格局相协调的原则，立足于区域经济发展对人力资源总量、层次、结构的要求，秉持引进人才与培养人才并行、优化人才存量与提升人才增量并行。在新发展格局的总体要求下，各地区需要结合产业特色与人才基础等现实因素，有效规避人力资源的同质性引进、培养，因地制宜形成区域人才特色，形成协调共进的人才生态布局。

首先，畅通各地区、各类型人才的合理流动，打破部门、行业、户籍、地域等限制人才流动的制度壁垒，东部经济发达地区应该适度调整人才准入门槛，保障低、中、高层次人才在区域间形成梯度分布，满足区域内各次产业的人才需求。其次，树立合作与竞争并存的人才流动理念，积极促进人才在区域、行业间的均衡分布，深化落实东部与中西部、东北部的人才帮扶政策，做好西部大开发与东北老工业基地振兴等建设的人才支持，通过对口帮扶，深入推进"三支一扶"、领导干部援藏援疆、"西部之光"访问学者等项目，持续引导教育、管理、医疗、工业等各行业的对口人才支援建设，通过灵活的用人政策，营造积极的用人环境，鼓励人才流动，推动沿海与内陆地区产业链的共通协调，进而形成以人才带动经济、以经济留住人才的良性循环，改善区域经济发展不平衡的现状，保证内陆和欠发达地区能够融入新发展格局之中。

人力资源对经济社会发展具有正向意义，人力资源的规模与质量是评价综合国力的重要标准。人才强国战略、创新发展战略都是支持人力资源优化的政策保证，我们要从人的角度来建构现代化发展新模式，通过培养人才、引进人才、用好人才等多方面举措，建设世界重要人才中心和创新高地。

第三章　人力资源管理的内容管理

第一节　职责与职位管理

在现代人力资源管理的参与者中，越来越强调人力资源管理不仅是人力资源部门的事，更是各层各类管理者的职责。因此，必须对人力资源管理的各类参与者进行明确界定，并对其职能进行合理定位，有效促进企业内部人力资源管理的职责分担，从而使人力资源管理真正变成企业的战略伙伴和人力资源管理产品的开发者和提供者。在企业中参与人力资源管理的责任主体包括公司的高层管理者、直线管理人员、人力资源部门和公司的每一位员工，他们各自在人力资源管理中的职责如下。

一、高层管理者的职责与职位管理

第一，主持或提出并确立人力资源管理的理念并达成共识。

第二，主持或参与确定人力资源的发展战略与目标。

第三，主持或参与制定人力资源的政策与制度体系。

第四，主持或参与组织整体绩效目标与标准的确定，主持并参与绩效述职与绩效面谈，承担本部门或本系统的绩效责任。

第五，主持或参与组建各级领导管理团队及核心团队（人才的选拔、配置、应用、开发与激励）。

第六，对所属员工的成长和发展承担责任（培育、开发、约束、激励）。

第七，发现并推荐优秀人才。

第八，为承担人力资源管理责任建立组织保障：成立人力资源决策委员会作为保障机制，不仅述职而且述能。

二、直线管理人员的职责与职位管理

第一，参与人力资源管理理念与政策的确定。

第二，贯彻执行人力资源的理念与战略举措，依据部门业务发展提出部门用人计划，参与部门岗位与职责设计与职务分析。

第三，制订本部门（团队）绩效目标与绩效计划，并对绩效最终结果承担责任，主持本部门绩效考核面谈。

第四，当教练，教师工制订行动计划，对员工的绩效进行评估。

第五，与员工进行有效的沟通，对员工的行为进行指导、约束与激励。

第六，配合公司人力资源的各项举措提出本系统、本部门的解决方案，营造良好的企业团队文化氛围。

第七，发现并推荐优秀人才。

三、人力资源部门的职责与职位管理

第一，参与制定公司战略，建设与推进企业文化系统规划与构建人力资源管理体系并推进实施。

第二，提供人事服务，促进组织内的沟通交流，营造内部和谐氛围，提供心理咨询。

第三，与业务经理共同承担组织的绩效目标，使 HR 管理流程、活动与业务流程相适应、相匹配，为业务经理提供合适、有效的人力资源解决方案。

第四，主动参与变革，引导变革中员工的理念和行为，营造变革的文化氛围，提供变革中人力资源问题的系统解决方案。

第五，推进企业内部的知识共享，创建学习型组织员工由他律到自律，自我驱动、自我开发与管理，自我变革与自我超越，等等。

第二节 人力资源管理的组织架构

企业在人力资源管理实践中真正关心的是人力资源管理如何在企业中得到应用与实施，而正确的实施只有通过一定的组织架构才能实现。

一、人力资源管理者及部门职责

管理者的五大职能工作是计划、组织、人事、领导、控制，人力资源管理者更加关注在人事。因此，人力资源管理者首先需要在人力资源部门中进行直线管理；其次需要根据人事专业职能在组织中进行协调，提供人力资源管理建议。

由人力资源专业职能人员所组成的人力资源部门发挥着至关重要的作用，是设计和实施整个企业人力资源管理系统的组织者和监控者。因此，它的运行质量的好坏直接关系到整个企业人力资源管理水平的高低。关于人力资源部的职责，国内外学者结合企业实践对其进行了归纳。

在中国，企业面临人力资源管理的转型，不仅要研究人力资源部门现实情况下做什么，更为重要的是要去研究为了提升企业的核心能力和竞争优势，人力资源部门应该承担什么样的职责。在对中国企业的人力资源管理现状和问题进行研究的基础上，中国企业人力资源部门应该履行的10项工作职责如下：

第一，人力资源规划。①战略解读与分析；②人力资源盘点与战略需求差异性分析；③进行行业最佳人力资源实践研究与差异性分析；④人力资源市场供给情况分析；⑤人力资源规划的价值取向与依据研究；⑥组织建设规划；⑦人力资源总量与结构规划：人力资本投资发展规划、职位系统规划、胜任力系统规划、人力资源结构规划；⑧核心人才队伍建设规划：核心人才素质能力提升及职业发展通道规划；⑨战略性人力资源职能活动规划。

第二，职位管理。①业务结构、组织结构与流程的深刻认识与理解；②职能、职类、职种体系的设计与构建；③在职能、职类、职种的基础上设计职位体系。

第三，胜任力管理。①全员通用的胜任力体系（核心胜任力体系）构建；②领导者胜任力体系构建；③专业领域胜任力体系构建；④关键岗位胜任力体系构建；⑤团队胜任力体系构建。

第四，招募与配置。①开辟招聘渠道，广纳人才，建立人才储备库；②选择各类人员甄选工具量表；③实施人员甄选录用程序，挑选所需的人才；④招聘效果评估。

第五，绩效管理。①绩效指标体系及考核标准的设计；②绩效实施、沟通与辅导；③绩效考核与反馈；④考核结果应用；⑤绩效改进；⑥绩效管理体系的选择。

第六，薪酬管理。①确定薪酬理念及薪酬策略；②通过外部薪酬调查、行业比较等方式确定薪酬水平；③公司内部薪酬结构设计；④薪酬水平及薪酬结构调整；⑤日常薪酬管理；⑥福利管理。

第七，培训与开发。①培训体系建设及培训方案设计；②培训预算管理；③培训实施与效果评估；④管理者能力开发和评价；⑤员工职业生涯规划。

第八，再配置与退出。①竞聘上岗制度建设与实施；②末位淘汰制度建设与实施；③人员退出机制建设与实施；④通过轮岗、兼岗等方式提高人岗匹配度。

第九，员工关系管理。①劳资协调、劳资纠纷、集体谈判、对就业立法建议；②人事申诉处理、员工基本权益保障；③员工人事关系日常管理（入、离职手续办理，合同签订等）；④员工敬业度、满意度调查；⑤员工心理健康援助计划（EAP）。

第十，大数据人力资源管理。①人力资源信息化平台建设；②知识管理；③人力资源运营分析与预测；④人力资源数据可视化。

二、人力资源管理的直线制与直线职能制

与整个企业的组织架构分类相似，人力资源管理部门的组织架构也有多种形式，如直线制人力资源部、直线职能制人力资源部等。

（一）直线制人力资源部

在直线制人力资源部中，由于人力资源经理属于经理序列，他需要负责部门内部的计划、组织、领导、控制等直线管理工作。当然，人力资源经理最主要的工作还是设计、实施编制、考核、发薪等传统人事管理工作。直线制人力资源部往往没有将各种人力资源管理专业职能分开，就需要人力资源经理成为人力资源通才，从而能够把握人力资源管理的全局工作。

（二）直线职能制人力资源部

直线职能制人力资源组织架构的出发点是将人力资源管理各类职能进一步细分，各部门分管人力资源管理的一部分功能，这样可以使人力资源管理更加有效与系统，培养更多人力资源专才，人力资源管理的职能得到更加充分的发挥。这是其与直线制人力资源组织架构的最大不同。人力资源部一般由许多各自独立的小部门构成，每个部门的经理（如招聘经理）要进行部门内的直线管理工作，并将重心放在某一个或某几个人力资源管理专业职能上（如招聘工作）。

三、人力资源管理的HR三支柱模式

HR三支柱是一种人力资源组织架构方式，兼有矩阵制、事业部制、网状组织架构的特征。

（一）HR三支柱模式内容

支柱一：专家中心（Center Of Expertise，COE）[①]。COE可以用人力资源战略价值选择来概括，即COE的核心价值在于服务高管、决策层，为其制定正确的战略。COE的角色是领域专家，要通晓人力资源管理理论，掌握HR相关领域精深的专业技能，追踪、对标最优实践。专家中心很好地回应了HR不承接战略，不能像市场、财务一样为战略制定提供有效建议的问题。COE服务的对象是公司管理层和人力资源业务伙伴。服务管理层体现在COE参与公司战略制定，制定人力资源战略。总部COE负责设计全球全集团统一的战略、政策、流程和方案的指导原则，而地域业务线COE则负责结合地域业务线的特点进行定制化，这样的COE设置可以实现在全公司一致的框架下满足业务所需的灵活性。

支柱二：人力资源业务伙伴（Human Resource Business Partner，HRBP）[②]。HRBP可以用业务策略的选择来概括，即HRBP利用自己所掌握的专业知识、经验，辅助一线业务负责人对组织、团队、人才进行管理。HRBP的角色是人力资源通才，要掌握HR各职能的专业技能，同时要了解所在部门的业务。如果说COE解决的是HR上不接战略的问题，那么HRBP解决的就是HR下不接地气的问题。HRBP服务的对象是业务部门，HRBP协助业务领导干部进行组织的管理、团队和人员的管理。HRBP不是被动地等待业务提出需求，而是主动地发挥灵敏洞察力，找到业务团队管理问题的症结，诊断业务发展过程中的HR诉求，综合运用HR专业方法论及工具，如分析人员需求、招聘计划、培训要求、绩效考核、薪酬激励等，提供特种部队式的精准支持，解决业务出现的问题，优化流程以适合业务部门，同时帮助业务各级领导干部培养和发展人力资源管理能力。

支柱三：共享服务中心（Shared Service Center，SSC）[③]。SSC可以用人力资源平台与服务的选择来概括，即SSC为组织提供一体化、数据化、自助化的HR平台支撑。平台的选择是指SSC为组织中的员工、管理者提供一体化、信息化、自助化的HR系统，从而实现平台化服务，实现规模经济。服务的选择是指SSC一方面是标准化服务的提供者，他们负责解答管理者和员工的问询，帮助HRBP和COE从事务性、重复性工作解脱出来，

[①] 在多数集团性企业的人力资源总部存在，最大的作用是将高薪高能的领域专家集合，服务于集团层面，变为分支机构共用的专家团队。以咨询解决各分支机构人力资源该领域内的疑难杂症。这样的机构存在，既能解决分支机构的即时性难题，也能以工作量分摊专家成本，使分支机构该领域的运营成本有效被控制。

[②] HRBP全称为Human Resource Business Partner（人力资源业务合作伙伴），是企业派驻到各个业务或事业部的人力资源管理者，主要协助各业务单元高层及经理在员工发展、人才发掘、能力培养等方面的工作。

[③] 共享服务中心的概念，始于20世纪的美国，其原理是将公司（或集团）范围内的共用的职能/功能集中起来，高质量、低成本地向各个业务单元/部门提供标准化的服务。

并对内部客户的满意度和卓越运营负责；SSC 另一方面还要研究员工需求，为员工提供定制化、可信赖的 HR 服务。

（二）HR 三支柱模式关系

1. 管理者与人力资源管理的关系

HR 三支柱模式帮助企业管理者、人力资源管理者厘清了以下关系：人力资源管理的职责分担，核心观点是人力资源管理不仅是人力资源部门的事情，更是各层各类管理者的职责，这一观点也是 HR 三支柱的设计理念。高层管理者或部门管理者不能把 HR 三支柱的转型及落地实施推给人力资源部来做。因为 HR 三支柱转型不仅是对企业人力资源组织结构的创新，而且还是管控模式上的创新。高层管理者、部门经理和人力资源经理必须结成转型的合作伙伴，以便迅速而彻底地重新设计和确定 HR 三支柱的职能，从而将一个原本忙于各种活动的部门转变为注重结果的部门。

2. 职能模块与 HR 三支柱的关系

人力资源专业职能管理一般分为"选、育、用、留、出"，或者分为工作分析、招聘、培训与开发、组织发展、绩效管理、薪酬福利、员工关系、退出管理等模块，这是根据人力资源管理开展工作的过程链条划分的。相比重视过程的职能化管理体系，HR 三支柱模式更强调人力资源管理的成果与产出，即人力资源管理能力、管理层、业务团队、基层员工带来哪些管理组织、管理人员上的支持。强调结果并不代表 HR 三支柱模式推翻了人力资源管理职能，而是以人力资源的各大职能作为方法论和工具，更好地进行人力资源管理活动。

职能模块实际上是嵌入 HR 三支柱模式的每一个支柱之中的，即每一个支柱都从事与人力资源职能相关的招聘、培训与开发、绩效管理、薪酬福利、员工关系等工作，三个支柱在从事人力资源职能工作时的侧重点有所不同。例如，招聘，三个支柱都会涉及招聘职能的工作，但侧重不同。COE 招聘要思考招聘的渠道与资源，规划人员编制，负责管理者的招聘、猎聘，思考雇主品牌建设等；HRBP 要基于对业务的了解、业务团队的人员构成，分析业务最需要具备哪些胜任素质、潜质的人才，组织某些层级业务人员的面试；SSC 使用 HRBP 提供的招聘关键词，进行简历搜索和评级。这样才能体现出人力资源管理的效率。

COE 内部一般仍按职能划分，属于人力资源专才。COE 更侧重各职能模型的政策制定与方案设计，对员工的人力资源专业问询有最终解释权，对其他企业在人力资源各职能的优秀实践进行研究。SSC 侧重各职能模块中基础性、行政性工作，对各职能工作流程中的事务性环节进行处理，对各业务在从事人力资源职能活动中共性的工作进行整合、标准化处理。有些企业在 HRBP 这个支柱下，设立职能组和 HRBP 组。职能组强调与 COE 职能的对接；HRBP 组属于人力资源通才，侧重通过 HR 专业职能素养来发现业务中的管理问题，综合运用人力资源职能方法论和工具，为业务提供更适合的问题解决方案或设计更加合理的工作流程。

3.HR 三支柱间协同互动的关系

（1）HR 三支柱是专业同质和目标一致的三套班子。HR 三支柱 COE、HRBP、SSC 都有一套完整的"选、育、用、留、出"。存在于 HR 三支柱中的"矛盾冲突"不属于内耗，而是一种健康大混序。健康大混序带来的作用和好处是：首先，三个支柱的专业背景同质，都受过人力资源管理相关专业训练，知识结构、培养发展的技能相似。其次，三个支柱的目标是一致的，虽然各自的定位不同，HRBP 基于业务、COE 基于战略、SSC 基于平台和服务，但他们对外都是 HR，最终的目标都是为组织创造价值。最后，"混序"之后形成简单易行的方案。单从业务的价值链条而言，HR 不是价值链，不产生价值。HR 在业务的价值链里，帮业务产生附加价值。产生这种附加价值，它最核心的功能不是去扰乱和干扰业务，而是把业务端各种各样的复杂问题在 HR 三支柱内部消化，虽然这个过程可能争执得不可开交，但三个支柱最终要得出一个公式，向业务部门表达的时候要用一个简单的输出，能够让业务得到一个肯定的答复，这其实就是一个 HR 的好处。这种好处，只靠一套班子的"选、育、用、留、出"去做是不够的。

（2）HR 三支柱的协同性。首先，架构搭建从对立发展到协同。现在有些企业虽然实施过 HR 三支柱，但最终失败了，因为，这些企业的某一个支柱没有建设好，甚至没有搭建，如 SSC 做得很弱，这样就由两套 HR 班子决策，一个代表战略价值的选择，一个代表业务策略的选择，在他们站在各自视角给出建议时，若没有另外第三方介入，容易让问题变成"是与非""对与错"的两难选择，不利于决策的产生。其次，组织流程从割裂发展到协同。职能化人力资源管理各模块间缺乏协同，特别是流程上的协同。这将造成重复、多标准，无法从更宏观视角看问题，各模块都不对最终结果负责，出现相互指责等问题。HR 三支柱分属职能流程的上、中、下游，并不断产生新的循环。HR 三支柱让外界感受到一个 HR，而非多个 HR。HR 三支柱内对标准产生了共识，看问题也更宏观、全面、系统。打破了传统的按职能划分的 HR，面向业务时就输出一个决策，三个支柱都要为决策承担责任。一旦决策出现问题，也可以很容易地从流程中找到问题归属，或谁的责任更大。HR 三支柱的共享服务中心是组织协同的另一种表现，可以整合不同业务单元有共性的事务性工作，以提高效率，节约 HRBP、COE 的时间，让 HR 从事更能创造价值的工作。最后，人才与知识经验从分散发展到协同。HR 三支柱有利于组织中人才的协同，共享知识和成功经验，这对于业务间的跨界创新起到支撑作用。HR 三支柱模式下，HRBP

更全面地了解业务，可以为业务提供所需的人才，HR 也可以将成功的组织活力诊断、组织变革等经验和知识沉淀，复制和推广到其他业务单元或部门。

第三节　人力资源管理的程序

一、人力资源管理的员工招聘程序

招聘越来越受到单位的重视，有三个方面的原因：第一，单位之间的激烈竞争和自身发展速度使单位对人才的需求远大于自身的培养速度，招聘是最快捷地获取员工的手段。第二，单位的业务越来越趋向于复杂，对于综合性人才的需求越来越强烈，尤其是具备相应的知识、经验、能力和优秀素质的跨界人才。对于大多数单位而言，内部培养是不能完全满足需求的，必须借助于外部招聘。第三，招聘是为组织补充新鲜血液最有效的方式。

（一）招聘的方式与渠道

根据招聘面向的不同群体，可分为内部招聘和外部招聘。内部招聘指面向本单位内部员工开展招聘，内部招聘最重要的原则就是坚持公平、公正和程序透明。内部招聘的优点是对员工激励性强，有利于保持单位文化和优良传统；缺点是不利于引入新思路、新方法，容易形成保守的单位文化。外部招聘又包括面向毕业生的校园招聘和面向有工作经验人员的社会招聘，针对不同的招聘对象可采用不同的招聘方式和渠道。

1. 面向毕业生的校园招聘

校园招聘的优势是可以用较低的成本吸引到高潜力的人才，毕业生更容易接受单位文化，有利于扩大单位知名度等。校园招聘常用的方式包括以下方面：

（1）网申系统。在自己单位的网站上开通网申系统，接受毕业生的申请。网申系统可以大大提高简历筛选效率，不符合条件的应聘者将被自动屏蔽。但如果单位在毕业生中的知名度不高，则收到的简历量就会很低。

（2）开展校企合作。开展校园巡回宣讲，校园宣讲可以让学生直接感受到单位的魅力，许多单位会请已经毕业的校友担任宣讲大使，进一步增强单位吸引力。开展校企合作，有利于扩大在学生中的影响力，发掘优秀人才。在开展校园招聘时要注意与各大高校的招生就业办或职业指导中心合作，并提前在高校内网上发布相关消息，并通过校方协助在学生中进行宣传和组织活动。

2. 面向有工作经验人员的社会招聘

社会招聘最常用的渠道就是通过专业招聘网站。招聘网站现在很多，各有不同侧重点，如专注于互联网人才的拉勾网、内推网等，专注于医药领域的医药网站，专注于服装领域的服装网站，专注于酒店领域的中国酒店招聘网等。

（二）招聘的具体流程

招聘工作从制订年度招聘计划开始，直到岗位候选人入职结束。首先，制订年度招聘计划，根据人员规划和用人部门确定用人需求表，确定招聘费用预算，包括差旅费、租赁费、材料费等。其次，确定面试方法，面试是考察候选人的非常重要的方法，技术性强。再次，要求候选人填写应聘登记表。最后，制作面试评价表，该表是对面试考察要点的指引，通过围绕这些要点提问，对候选人进行评价。在确定招聘的录用条件时，许多单位都会对候选人提出一些素质层面的要求，如积极主动、抗压、善于沟通等，有些岗位，对这些素质的要求甚至很高。要在面试中很好地对素质进行判断，就要设计好面试问题，一种有效的方法就是行为事件访谈法（Behavioral Event Interview, BEI）通过层层追问候选人过去实际经历的一些案例来判断。最初完整的BEI主要用于素质模型的建立，现在一些知名单位也掌握了BEI的方法，并在面试候选人过程中，取得了良好的效果。

二、人力资源管理的员工录用程序

单位通过人员甄选，做出初步录用决定后，接下来要对这些入选者进行背景调查、健康检查，合格者与单位签订试用协议。同时，单位应及时通知未被录用的应聘者。

第一，背景调查。背景调查的主要目的是了解应聘者与工作有关的一些背景信息，对应聘者做一个更为全面的了解，可以通过背景调查对他的诚实性进行考察。背景调查主要包括：学历学位调查、工作经历调查以及不良记录调查等，这些信息可以向应聘者过去的雇主、过去的同事了解。进行背景调查时，注意把重点放在与应聘者未来工作有关的信息上；尽量从各种不同的信息渠道验证信息，避免偏见；同时要注意避免侵犯应聘者的个人隐私。

第二，健康检查。健康检查后，如发现被录用者有严重疾病的，取消录用资格。

第三，签订试用协议。单位与被录用者签订试用协议，以法律形式明确双方的权利和义务。

第四，被录用者报到。被录用者携带录用通知书和其他材料到单位人事部注册报到。试用合格后，与单位正式签订用工合同；未被录用的应聘者的回复也不可忽视，因为未被录用的应聘者以后还有可能成为单位的一员，或成为单位的顾客与竞争者。单位在回复未被录用的应聘者时要非常小心，可以对他们参加单位的招聘表示感谢，同时还可以对应聘者的某些优点表示欣赏，再告知单位暂时没有合适的职位给应聘者。

第五，测评。由于面试的信效度受面试官的影响非常大，尤其是当工作对候选人的深层次素质如个性、价值观甚至动机等有较高的要求时，仅靠面试会有较大风险，此时可以引入测评技术辅助判断。测评是指采用科学的方法和工具，对人所具备的能力、素质进行评价，并对未来在工作中的表现进行预测。

三、人力资源管理的员工培训程序

（一）员工培训的主要目的

第一，培养员工的能力通过培训，员工掌握相关的技术程序方法、工具等，是个"知其然"的过程。

第二，提高企业效益。培训是为了不断地提高企业的效益。对员工培训的任务是要使员工掌握与工作有关的知识和技能，并使他们能够担负随着工作内容变化的新工作。

第三，灌输企业文化。如何让员工适应并融入企业文化中，自觉地遵守企业文化，是企业培训中的一个重要内容。

第四，迎合员工的需要。培训的目标之一就是使员工不但要熟练地掌握现有工作岗位上所需要的知识和技能，还要使他们了解和掌握本企业或本行业的最新科学技术动态，以增强他们在实践中的工作能力。

第五，适应竞争的需要。企业进行培训的目的就是要培养一大批始终站在科学技术前沿的高级人才，并通过培训使广大的员工能适应工作内容变化的需要。正是由于管理的基本作用是管理人和使人掌握现代的科学技术，又由于环境的复杂多变，必须重视对企业管理员工的培训和提高。

培训目标是培训方案实施的导航灯。有了明确的培训总体目标和各层次的具体目标，对于培训指导者而言，就确定了实施计划，积极为实现目的而教学；对于受训者而言，明了学习目的所在，才能少走弯路，朝着既定的目标而努力，才能达到事半功倍的效果。反之，如果目的不明确，则易造成指导者、受训者偏离培训的期望，造成人力、物力、时间和精力的浪费，增加培训成本，从而可能导致培训的失败。培训目标与培训方案的其他因素是有机结合的，只有明确目标才有可能科学地设计培训方案的其他各个部分，使设计科学的培训方案成为可能。

(二)员工培训的需求分析

需求就是一个组织预期应该发生的事情和实际发生的事情之间的差距,这一差距就是"状态缺口"。企业对雇员的能力水平提出的要求就是"理想状态",而雇员本人目前的实际水平即为"目前状态",两者之间的差距就是"状态缺口"。企业要努力减小"缺口",这就形成了培训需求。培训需求分析就是指在规划与设计人力资源培训与开发活动之前,由培训部门、主管员工、工作员工等收集企业战略、组织与员工的相关数据信息,然后采用一定的分析方法和技术,对各种组织及其成员的目标、知识、能力等方面进行系统的鉴别与分析,以确定企业是否需要进行培训与开发活动及培训内容的一种活动或过程。关键是找出产生培训需求的真正原因,并确定是否能通过培训来解决。培训需求分析既是确定培训目标、设计培训规划的前提,也是进行培训评估的基础,是培训活动的首要环节。

培训需求的压力点是来自多方面的,包括绩效问题、新技术的应用、法规和制度的变更、员工基本技能的欠缺、客户偏好和要求的变化、新的工作要求等。许多压力点的存在说明培训是必要的。但是,并不是所有的问题都能通过培训来解决,只有知识技能的欠缺可以由培训来解决,其他的压力点可以通过工作环境的重新设计和薪酬机制等来解决。

1. 培训需求的框架

如何进行培训的需求分析,一般应从以下方面入手:

(1)组织分析。培训需求的组织分析主要是通过对组织的目标、资源、特质、环境等因素的分析,准确地找出组织存在的问题与问题产生的根源,以确定培训是不是解决这类问题的最有效的方法。培训需求的组织分析涉及能够影响培训规划的组织的各个组成部分,包括对组织目标的检查、组织资源的评估、组织特质的分析以及环境的影响等方面。组织分析的目的是在收集与分析组织绩效和组织特质的基础上,确认绩效问题及其病因,寻找可能解决的办法,为培训部门提供参考。一般而言,组织分析主要包括下列重要步骤:

第一,组织目标分析:明确、清晰的组织目标既对组织的发展起决定性作用,也对培训规划的设计与执行起决定性作用,组织目标决定培训目标。例如,如果一个组织的目标是提高产品的质量,那么培训活动就必须与这一目标相一致。假若组织目标模糊不清,培训规划的设计与执行就显得很困难。

第二,组织资源分析:如果没有确定可被利用的人力、物力和财力资源,就难以确立培训目标。组织资源分析包括对组织的金钱、时间、人力等资源的描述。

第三，组织特质与环境分析：组织特质与环境对培训的成功与否也起重要的影响作用。当前培训规划和组织的价值不一致时，培训的效果就很难保证。组织特质与环境分析主要是对组织的系统结构、文化、资讯传播情况的了解，主要包括如下内容：①系统特质。指组织的输入、运作、输出、次级系统互动以及与外界环境间的交流特质，使管理者能够系统地面对组织，避免组织分析中以偏概全的缺失。②文化特质。指组织的软硬件设施、规章、制度、组织经营运作的方式、组织成员待人处世的特殊风格，使管理者能够深入了解组织，而非仅仅停留在表面。③资讯传播特质。指组织部门和成员收集、分析和传递信息的分工与运作，促使管理者了解组织信息传递和沟通的特性。

（2）工作分析。工作分析的目的在于了解与绩效问题有关的工作的详细内容、标准，以及达成工作所应具备的知识和技能。工作分析的结果也是将来设计和编制相关培训课程的重要资料来源。工作分析需要有工作经验的员工积极参与，以提供完整的工作信息与资料。工作分析依据分析目的的不同可分为以下两种：

第一，一般工作分析：一般工作分析的主要目的是使任何人都能很快地了解一项工作的性质、范围与内容，并作为进一步分析的基础。一般工作分析的内容如下：①工作简介。主要说明一项工作的性质与范围，使阅读者能很快建立一个较为正确的印象。其内容包括工作名称、地点、单位、生效及取消日期、分析者、核准者等基本资料。②工作清单。工作清单是将工作内容以工作单元为主体，并以条例方式组合而成，使阅读者能对工作内容一目了然。每项工作单元可加注各工作的性质、工作频率、工作的重要性等补充资料，这对员工执行工作、管理层进行工作考核和进行特殊工作分析皆有益处。

第二，特殊工作分析：特殊工作分析是以工作清单中的每一工作单元为基础，针对各单元详细探讨并记录其工作细节标准和所需的知识技能。由于各工作单元的不同特性，特殊工作分析见表3-1：

表3-1 特殊工作分析内容

特殊工作分析	内容
程序性工作分析	程序性工作就是具有固定的工作起点、一定顺序的工作步骤和固定的工作终点等特性。程序性工作分析主要强调工作者和器物间的互动关系。程序性工作分析就是通过详细记录工作单元的名称、特点、完整操作程序等，为员工的培训和培训评估提供依据
程式性工作分析	程式性工作分析多无固定的工作程序，对工作原理的了解和应用程度要求也较高，其工作内容主要强调工作者和系统间的互动。完整的程式性工作分析依序可分为四个部分
系统流程分析	主要是应用电脑流程的概念和符号，描绘系统间重要元件的关系，并配合简单的文字，说明系统背后的基本原理
系统元件分析	主要是针对系统中每一元件列出其正确名称和功能，以建立工作者的共同认知，减少沟通障碍，并作为检修的基础

续表

特殊工作分析	内容
程式分析	主要是探讨系统中的作业流程，其重点是了解系统如何正常运作分析内容，包括系统状况特殊标准、指标操作、影响等
检修分析	主要是探讨如何检修并排除系统不正常运作所需的诊断流程与知识。检修分析集中于探讨诊断分析所需的知识和诊断过程中所必须使用仪器的知识技能。检修分析的内容包括应具备的知识、可能的故障、原因、措施等
知识性工作分析	知识性工作属于内在思维的工作行为，可以说是人与人或人与知识间的交流互动，而且是以抽象的知识为桥梁，进行理性的思考、沟通与协调，以达成工作需求。知识性工作分析是一种研究程序，它能够帮助管理者确认影响工作绩效的有关重要知识。工作分析是培训需求分析中最复杂的一部分，但是只有对工作进行精确的分析并以此为依据，才能编制出真正符合企业绩效和特殊工作环境的培训课程来

（3）工作者分析。工作者分析主要是通过分析工作人员个体现有状况与应有状况之间的差距，来确定谁需要和应该接受培训以及培训的内容。工作者分析的重点是评价工作人员实际工作绩效以及工作能力，其中包括下列数项：

第一，个人考核绩效记录：主要包括员工的工作能力、平时表现、参加培训的记录、离（调）职访谈记录等。员工的自我评价：自我评价是以员工的工作清单为基础，由员工针对每一单元的工作成就、相关知识和相关技能真实地进行自我评价。

第二，知识技能测验：以实际操作或笔试的方式测验工作人员真实的工作表现。

第三，员工态度评价：员工对工作的态度不仅影响其知识技能的学习和发挥，影响与同事间的人际关系，影响与顾客或客户的关系，这些又直接影响其工作表现。因此，运用定向测验或态度量表，就可帮助了解员工的工作态度。

（4）工作者需求分析方法。

第一，业务分析：通过探讨公司未来几年内业务发展方向及变革计划，确定业务重点，并配合公司整体发展策略，运用前瞻性的观点，将新开发的业务事先纳入培训范畴。

第二，组织分析：培训的必要性和适当性，以及组织文化的配合是极其重要的前提，否则培训后，如果造成公司内更大的认知差异，得不偿失。对于组织结构、组织目标及组织优劣等也应该加以分析，以确定训练的范围与重点。

第三，工作分析：培训的目的之一在于提高工作质量，以工作说明书和工作规范表为依据，确定职位的工作条件、职责及负责人员素质，并界定培训的内涵。

第四，调查分析：对各级主管和承办人员进行面谈或者进行问卷调查，询问其工作需求，并据实说明训练的主题或应强化的能力是什么。

第五，绩效考评：合理而公平的绩效考核可以显示员工的能力缺陷，在期末绩效考核完成后，反映员工需要改善的计划，能够激发其潜力，因此，绩效考核成为确定培训需求的重要来源。

第六，评价中心：员工提升过程中，为了确保选择人选的适当性，利用评价中心测定候选人的能力是一种有效的方法，可以测知员工培训需求的重点。

2. 培训需求的方法

（1）组织整体分析法。组织整体分析法是从组织的整体现实出发，以战略目标为依据确定组织培训需求的方法。组织整体分析法一般从分析反映组织经营状况的指标开始，如经营环境、利润率、投资回报率、销售利润率、员工流动率、客户满意率、权益报酬率等。

通过分析这些指标，找出组织在技术、生产经营管理、公众关系等方面的差距，从而确定各种培训需求。组织整体分析法具有操作方便，容易得出具有普遍意义的培训需求，从而引起高层管理者重视的优点。但是，这种方法必须以得到充分的数据为基础，并理解掌握它们，然而得到这些详细真实的数据是比较困难的。

（2）任务分析法。任务分析法也称工作分析法或工作盘点法，是依据工作描述和工作说明书，确定员工达到要求所必须掌握的知识、技能和态度。通过系统地收集反映工作特性的数据，对照员工现有的能力水平，确定培训应达到怎样的目标。在工作说明书中一般都会明确规定：①每个岗位的具体工作任务或工作职责；②对上岗员工的知识、技能要求或资格条件；③完成工作职责的衡量标准。

除了使用工作说明书和工作规范外，还可以使用工作任务分析记录表，它记录了工作中的任务以及所需要的技能。工作任务分析表通常包括工作的主要任务和子任务、各项工作的执行频率、绩效标准、执行工作任务的环境、所需的技能和知识以及学习技能的场所。显然，依据上述几方面的信息，对比员工个人的实际状况，就可以找到培训需求了。

（3）员工个人培训需求分析法。员工个人培训需求分析法是员工对自己进行分析，对今后发展提出要求，并不断寻求进步的一种培训需求分析法，主要是通过员工根据工绩效考核完成后，反映员工需要改善的计划，能够激发其潜力，因此绩效考核成为确定培训需求的重要来源。

（4）问卷调查法。问卷调查法是通过员工填写"培训需求调查问卷"，并对问卷信息进行整理、汇总、分析，从而确定培训需求的方法，这也是组织经常使用的一种方法。这种方法的优点是调查范围广，资料来源广泛，收集的信息多，相对省时省力。缺点是调查结果间接取得，如对结果有疑问，无法当面澄清或证实，调查对象很容易被问题误导，获得的深层信息不够等。

（三）员工培训的计划制订

1. 培训计划的目标确定

培训需求分析之后，就要为培训项目确定目标。培训目标就是以描述受训者应该能做哪些来作为培训结果，也就是确定培训活动的目的和结果。每个培训开发项目都应当确定自身的切实可行的总体目标以及具体目标。有了建立在需求分析基础上的培训目标，才能为培训计划提供方向指针构架和信息输入，才能将对象内容、时间方法、教师等要素有机结合，还能为衡量培训效果提供评估依据。

培训目标主要可分为知识传播、技能培养和态度转变三大类。培训目标所指向或预期的培训成果可以分成认知成果、技能成果、感情成果、绩效成果和投资回报率五个大类。其中认知成果用来衡量员工对培训内容中强调的原理、事实、技术程序或过程的熟悉程度；技能成果用来评价员工在技术或运动技能，以及行为方式上的提高程度，包括员工对一定技能的学习获得，以及在实际工作过程中的应用两个方面；情感成果用来衡量员工对培训项目的感性认识，以及包括个人态度、价值观、顾客定位等在内的情感、心理因素的变化情况，这些因素往往影响或决定个人的行为意向；绩效成果是用来衡量员工接受培训后对工作绩效的提高情况，绩效成果通常以受训员工的流动率、质量、顾客服务水平等指标的上升或下降来度量；最后，投资回报率是指"培训"的货币收益与培训成本（包括直接成本和间接成本）的比较，可以用来评价组织培训的效益。

2. 培训计划的内容与种类

一个完整的培训计划应包含培训目的、培训对象、培训课程、培训形式、培训内容、培训讲师、培训时间、培训地点、考评方式、培训预算以及培训出现问题时的调整方式等内容。培训计划按不同的划分标准，有不同的分类。以培训计划的时间跨度为分类标志，可将培训计划分为长期、中期和短期培训计划三种类型。按计划的层次可分为公司培训计划、部门培训计划与培训管理计划。

（四）员工培训的组织策略

1. 建立企业培训体系

通常一个完整的培训体系由培训课程体系、培训管理体系组成。

（1）建立培训课程体系。培训课程设置是建立在培训需求分析的基础之上，根据培训课程的普及型、基础型和提高型将培训课程分为员工入职培训课程、固定课程和动态课程三类。员工入职培训课程设置较为简单，属普及性培训，课程主要包括企业文化、企业政策、企业相关制度、企业发展历史等。固定培训课程是基础性培训，是从事各类各级岗位需要掌握的应知应会知识和技能，岗位调动、职位晋升、绩效考核反应知识技能有欠缺者需要加强固定课程培训。动态培训课程根据科技、管理等发展动态，结合企业发展目标和竞争战略做出培训分析，这类培训是保证员工能力的提升，为企业的发展提供人才支持。

固定培训课程设置是培训工作中工作量最大的工作。要做好这项工作，在企业中必须建立起以员工职业化为目标的分层分类员工培训体系，明确不同岗位、不同级别的员工必须掌握的知识、技能。人力资源部会同各级部门，从岗位分析入手，对所有岗位进行分类，如分为管理类、专业类、技术类等。在分类基础上对每一类进行层次级别定义和划分。由此，按照企业的组织结构和岗位胜任模式来建立固定课程体系就有了分析的基础和依据。以各级各类岗位为基础，分析员工开展业务工作所需的职业化行为模块和行为标准，分析支持职业化行为模块和行为标准所需的专业知识和专业技能。由此，确定各级各类的培训课程，从而开发出相应的培训教材。不同级别的必备知识可以是相同的，但在深度和广度上应该有所区别。

（2）建立培训管理体系。

第一，明确实施责任：培训计划的制订和实施，关键是落实负责人或负责单位。建立责任制，明确分工。培训工作的负责人要有一定工作经验和工作热情，要有能力让公司领导批准培训计划和培训预算，要善于协调与业务部门和其他职能部门的关系，以确保培训计划的实施。

第二，确定培训的目标和内容：在培训需求调查的基础上，结合组织分析、工作分析、个体分析等以决定培训重点、目标和内容。总之，应整合企业和员工的培训目的，以使培训目标准确，培训的内容符合实际需要。

第三，选择培训方法：关于培训方法，前面已经有所介绍。每种方法都有不同的侧重点，因此，必须根据培训对象的不同，选择适当的培训方法。方法的选择除了要考虑员工特点外，还要考虑企业客观条件的可能性。

第四，决定被培训对象：除了普遍性的观念性培训外，参加培训的学员必须经过适当的挑选。培训这笔钱应当用在有一定潜力的员工身上，也就是说所培训的学员要有可塑性。这样就可以做到投资省、见效快。如果学员的可塑性较差，跟不上教学进度，不仅达不到培训的目的，而且对他的投资将大大增加企业的经济负担。以目前大多数企业的经济实力，还不可能在这些人身上投入更多的培训费用。

第五，选择培训讲师：选择企业内部的培训讲师还是外部的培训讲师要依据培训的目标与内容来确定，同时也受到培训预算影响。从企业各级管理员工中聘请培训教师会更加了解培训目标，有利于与员工进行沟通，获得他们的信任和拥护，但也受到对培训讲师知识、培训技巧等限制，也可以聘请外部讲师，特别是在企业进行内部变革时。

2. 确定员工培训方法

（1）讲授培训法。讲授属于传统模式的培训方式，指的是培训师通过语言表达，系统地向受训者传授知识，期望这些受训者能记住其中的重要观念与特定知识。

（2）研讨法。研讨法是指由指导教师有效地组织研习员工以团体的方式对工作中的课题或问题进行讨论，并得出共同的结论，由此让研习员工在讨论过程中互相交流、启发，以提高研习员工知识和能力的一种教育方法。

（3）案例研究法。案例研究法目前广泛应用于企业管理员工（特别是中层管理员工）的培训。它是指为参加培训的员工提供员工或组织如何处理棘手问题的书面描述，让员工分析和评价案例，提出解决问题的建议和方案的培训方法。这种方法的目的是训练他们具有良好的决策能力，帮助他们学习如何在紧急状况下处理各类事件。此方法是针对某一具有典型性的事例进行分析和解答，始终要有个主题，即"你将怎么做"。参加者的答案必须是切实可行的和最好的。培训对象则组成小组来完成对案例的分析，做出判断，提出解决问题的方法。随后，在集体讨论中发表自己小组的看法，同时听取别人的意见。讨论结束后，公布讨论结果，并由教员再对培训对象进行引导分析，直至达成共识。

（4）角色扮演法。角色扮演是指在一个模拟的工作环境中，在未经预先演练且无预定的对话剧本而表演实际遭遇的情况下，指定参加者扮演某种角色，按照其实际工作中应有的权责来担当与其实际工作类似的角色，模拟性地处理工作事务，借助角色的演练来理解角色的内容，从而提高处理各种问题的能力。

（5）操作示范法。操作示范法是部门专业技能训练的通用方法，一般由部门经理或管理员主持，由技术能手担任培训员，在现场向受训员工简单地讲授操作理论与技术规范，然后进行标准化的操作示范表演，利用演示方法把所要学的技术、程序、概念或规则等呈现给员工。员工则反复模仿实习，经过一段时间的训练，使操作逐渐熟练，直至符合规范的程序与要求，达到运用自如的程度。

（6）头脑风暴法。头脑风暴法是一种通过会议的形式，让所有参加者在自由愉快、畅所欲言的气氛中，针对某一特殊问题，在不受任何限制的情况下，提出所有能想象到的意见，自由交换想法，并以此激励与会者的创意及灵感，以产生更多创意的方法。

头脑风暴主要用以启发员工的思考能力并开阔其想象力。协作完成某项任务或解决某一问题。集体参与可以培训员工的团队协作意识；增强个人的自我表现能力以及口头表达能力，使员工在集体活动中变得更为积极活跃；在集体参与的过程中会有很多新的思想产生。

第四节 绩效与薪酬管理

一、绩效管理

绩效是由多种结构组成的变量，所选择的研究角度不同，获得的结论也会存在差异。作为一个多维的构念，绩效测量的因素不同，其结果也不同。因此，必须对其进行界定，弄清楚确切内涵。绩效是组织为实现其目标而开展的活动在不同层面上的有效输出，包括个人绩效和组织绩效。组织绩效实现应在个人绩效实现的基础上，但是个人绩效的实现并不一定保证组织是有绩效的。

在个体层面，绩效内涵主要有两种观点：一种观点认为绩效是结果，这是最早的绩效观，又可分单维结果绩效观和多维结果绩效观；另一种观点认为绩效是行为，又可分硬性行为绩效观和价值行为绩效。"绩效是结果"的观点为："绩效应该定义为工作的结果"，绩效是工作所达到的结果，是一个人的工作成绩的记录，既包含显性的可测量的工作业绩，也包含其他隐性的不易测量的工作成果，包括职责、关键结果领域、结果、责任、任务及事务、目标、生产量和关键成功因素等。"绩效是行为"的观点为：绩效是行为的同义词，是人们实际的行为表现并能观察到，只包括与组织目标有关的行动或行为，能采用个人的熟练程度（即贡献水平）来定等级（测量）。广义的绩效既要考虑投入（行为），同时也要考虑产出（结果）。

行为由从事工作的人表现出来，将工作任务付诸实施。行为不仅是结果的工具，行为本身也是结果，是为完成工作任务所付出的脑力和体力的结果，并且能与结果分开进行判断。基于此定义，绩效能够被划分为任务绩效和关系绩效，其中，任务绩效是组织所规定的行为，与特定任务活动有关，能直接提高组织效率，作为员工外显的工作行为描述的任务绩效，在组织中受到较多的关注；关系绩效不是直接的生产和服务活动，而是构成组织、社会、心理背景的支持行为，与特定作业无关，但是能够促进任务绩效。

绩效管理体系的发展经历了考核、绩效考核、绩效管理三个过程，从一种孤立的手段发展到系统的管理过程。其中，绩效管理的循环圈，即众所周知的P-D-C-A循环管理模式Plan（计划）、Do（执行）、Check（检查）和Action（行动、改善）被广大应用。

绩效管理是就员工绩效进行整体性的管理，包含目标设定、评估、奖酬与发展规划。绩效管理是管理者确保员工的工作活动以及工作产出，能够与组织目标保持一致的完整管理过程，由三个部分组成：绩效标准界定、绩效衡量（评价）与绩效反馈，旨在持续提升个人、部门和组织的绩效。第一，绩效标准界定阶段。绩效标准以工作分析为基础，标准的界定说明员工绩效的哪些方面对于组织而言是很重要的。第二，绩效评价阶段。通过绩效的衡量（评价）来对上述各个绩效方面进行衡量，绩效评价是对员工的绩效进行管理的唯一的一种方法。第三，绩效反馈阶段。通过绩效反馈，将绩效衡量或评价结果反馈给员工，以使他们能够根据组织的目标来改进自己的工作行为、方式与方法，提升绩效，为以后的目标做好准备。

（一）绩效管理与绩效评价的区分

传统的绩效评价仅是含义更为广泛的绩效管理过程的组成部分之一，两者既有联系，也有区分。与绩效评价相比，绩效管理具有很大的差异，主要表现在以下方面。

第一，人性观：绩效考核的出发点是把人单纯当作实现企业目标的一种手段，人性假设是性恶论；绩效管理的人性观是以人为本，相信每个人都有自我完善和自我实现的潜能。

第二，实施过程完整性：传统绩效评价包括评价标准的制定、标准的衡量与绩效信息的反馈，仅是绩效管理过程的重要环节；绩效管理在实施上更是一个循环往复的完整过程，具有延续性、灵活性，更注重过程的管理。

第三，主要目的：绩效评价具有滞后性，通过考核得到一个关于员工的工作情况和工作效果结论，主要用于对员工薪资水平上的奖励与惩罚，从而是一种单纯的管理员工的手段；绩效管理具有战略性与前瞻性，结果更多地被用于开发员工潜能、培养员工技能，更是一种帮助员工成长的途径。

第四，关注点：绩效考核侧重于考核过程的执行和考核结果的判断，强调阶段性的总结，考核过程往往是单向命令式；绩效管理从整体战略角度出发，侧重于持续的沟通与结果信息的反馈，尤其强调双向互动沟通。

第五，参与方式：绩效考核中，员工仅是该流程中的被动参与者之一；绩效管理中，员工可以亲自参与绩效管理的各个过程，如制定指标、绩效沟通和信息反馈等，充分体现员工的主动性。

（二）绩效管理的主要目的

绩效管理是人力资源管理的重要组成部分，绩效管理的效率直接影响人力资源管理效率。绩效管理存在两种取向：一种是组织取向，认为绩效管理是管理组织绩效的一种体系，旨在实现企业发展战略，保持竞争优势；另一种是个体取向，认为绩效管理是指导和支持员工有效工作的一套方法，旨在开发个体潜能，实现工作目标。其实，这两种取向并不矛盾。归纳起来，绩效管理的主要目的具体表现在以下方面：

第一，有利于员工了解其工作实绩，能促进员工把工作做得更好。这不仅是员工寻求满足感的需要，同时员工也希望通过改进自己的工作绩效和工作能力，来提高其报酬水平和获得晋升的机会。工作绩效评估可以为员工提供反馈信息，帮助员工认识自己的优势和不足，发现自己的潜在能力并在实际工作中充分发挥这种能力，改进工作绩效，有利于员工个人的事业发展。

第二，有利于发现员工的不足及有待开发的潜能，为员工培训开发指明方向。尤其是管理人员，可以指出他们在人际冲突管理、监督技能、计划和预算能力等方面上的欠缺，为培训方案的设计和实施奠定基础。

第三，有利于甄别高绩效员工和低绩效员工，为组织的奖惩系统提供依据。员工绩效水平是企业薪酬决策的重要依据，只有实行客观公正的绩效评价体系，不同工作岗位上的员工的工作成绩才能得到合理的比较，奖金的分配也才能起到真正的激励作用。在晋升、调转和辞退决定中，员工过去的工作表现是一个非常有说服力的根据。

第四，有利于建立员工绩效档案材料，为人事决策提供依据。绩效评价的结果是提升优秀员工，辞退不合格的员工，为调整工资，为员工培训确定内容，为员工的调动确定方向，在招聘员工时确定应重点考察的知识、能力、技能和其他品质等工作的基础。

（三）绩效管理的基本特征

有效的绩效管理应具备战略一致性、准确性、可靠性、可接受性和明确性五个特征。

1. 战略一致性特征

绩效管理必须是一个与组织战略、目标和文化一致的工作绩效的系统。它强调的是绩效管理系统需要为员工提供一种引导，从而使得员工能够为组织的成功做出贡献。这就需要绩效管理系统具有充分的弹性或敏感性来适应公司的战略形势所发生的变化，许多公司的绩效考评系统往往在相当长的时间内保持不变，尽管公司的战略重心已经发生多次转移，然而当公司的战略变化后，员工的工作行为也需要发生变化。如果公司的绩效考评系统并没有随着公司的战略变化而发生变化，那么公司的绩效考评系统就很难正确评价员工的绩效。

2. 准确性特征

绩效评估的准确性指的是应该把工作标准和组织目标联系起来，把工作要素和评价内容联系起来，明确一项工作成败的界限。工作绩效标准是就一项工作的数量和质量要求，具体规定员工行为是否可接受的界限。我们知道，工作分析描述一项工作的要求和对员工的素质要求，而工作绩效标准是规定工作绩效合格与不合格的标准，实际的工作绩效评估则是具体描述员工工作中的优缺点。绩效评估的准确性要求对工作分析、工作标准和工作绩效评估系统进行周期性的调整和修改。

3. 可靠性特征

绩效评估体系的可靠性指的是评价者判定评价的一致性，不同的评价者对同一个员工所做的评价应该基本相同。当然，评价者应该有足够的机会观察工作者的工作情况和工作条件。只有来自组织中相同级别的评价者才可能对同一名员工的工作业绩得出一致性的评价结果。

4. 可接受性特征

可接受性是指运用绩效考核系统的人是否能够接受它。许多经过精心设计的绩效考核系统具有很高的可靠性和效度，但是这些方法要耗费管理者们太多的时间，他们拒绝接受。因此，绩效评估体系只有得到管理人员和员工的支持才能推行。所以，绩效评估体系经常需要员工的参与。绩效评估中技术方法的正确性和员工对评价系统的态度都很重要。组织使用绩效评估系统的收益必须大于其成本。

5. 明确性特征

明确性是绩效考评系统在多大程度上能够为员工提供一种明确指导，即员工知道企业对他们的期望是什么，以及如何才能达到这些期望的要求。明确性与绩效管理的战略目标和员工开发的目标都是有关的。如果一个绩效考评系统没有能够确切地告诉员工，他们必须做什么才能帮助企业实现其战略目标，那么，绩效考评系统就很难达到其战略目标；如果绩效考评系统不能让员工知道其在绩效中存在的问题，那么员工改善其绩效几乎是不可能的。

以上是对绩效评估系统的五项基本要求，前三项被称为技术项目，后两项被称为社会项目。只要业绩评价系统符合科学和法律的要求，具有准确性、敏感性和可靠性，就可以认为它是有效的。

（四）绩效管理的系统过程

绩效管理是一项复杂而艰巨的过程，必须按照科学的工作程序进行。绩效管理被视为一种系统，过程可分为绩效计划制订、绩效考核评价、绩效反馈辅导和绩效结果应用四个环节。其中，绩效计划制订是绩效管理的基础环节，绩效考核评价是绩效管理的核心环节，绩效反馈辅导是绩效管理的重要环节，绩效结果应用是绩效管理取得成效的关键环节。

1. 制订绩效计划

绩效计划制订是绩效管理体系的第一个关键步骤，包括被评估者和评估者双方对应该实现的工作绩效进行沟通，并将沟通的结果落实为订立正式书面协议即绩效计划和评估表。此阶段的主要内容包括：确立评价的目的，选择评价对象，建立评价系统，确定评价主体、指标、标准和方法。其中，确立绩效评价标准体系是此阶段的关键内容。

（1）绩效评价标准的概念。绩效评价标准是对员工绩效的数量和质量进行监测的准则，解决的是要求做得"怎样"、完成"多少"的问题。绩效评价的标准由三个要素组成：标准的强度和频率、标号、标度。其中，标准强度和频率是指评估标准的内容，即各种规范行为或对象的程度或相对次数；标号是指不同强度或频率的标记符号，通常用字母（如 ABCD 等）、汉字（如甲乙丙等）或数字来表示；标度是测量的单位标准，可以是经典的测量尺度（即类别、顺序、等距和比例尺度），也可以是现代数学的模糊集合、尺度，甚至是数量化的单位或非数量化的标号。在绩效评价中，各种内容、标度和属性的标准相互依存，相互补充，相互制约，组成一个有机整体。

（2）确立绩效评价标准体系。传统绩效评价标准必须以工作分析中制定的职务说明与职务规范为依据，战略性绩效评价标准则以组织战略为依据。其中，传统绩效评价标准的确立步骤如下：

第一，工作分析。根据考核的目的，对被考核对象所在岗位的工作内容、性质、完成这些工作所应履行的工作职责和应具备的能力素质、工作条件等进行研究，初步确定出绩效考核指标。显然，根据每个工作描述书就可以确定一套考核指标，但实际工作中，为了减少管理成本，企业并不是将所有的岗位职责、要求，都作为考核指标，而是根据企业经营目标，选择对企业至关重要的岗位职责作为绩效考核指标，即关键绩效指标。

第二，理论验证。根据绩效考核的基本原理与制度，对所设计的绩效考核指标进行论证，使其具有一定的科学依据。

第三，确定指标体系。根据工作分析结果，运用绩效考核指标体系设计方法，进行指标分析，最后确定绩效考核指标体系。在进行指标分析和指标体系的确定时，往往将问卷调查、个案研究法、访谈法等多种方法结合起来使用，使指标体系更加准确、完善和可靠。

第四，修订。为了使指标更趋合理，还应对其进行修订。修订分为两种：一是考核前的修订，即通过专家咨询法，将所确定的指标提交领导、学术权威或专家审议，征求意见，修改、补充、完善绩效考核体系；二是考核后修订，即根据考核结果应用之后的效果等情况进行修订，使考核指标内容更加理想完善。

战略性绩效评价标准的确立步骤与传统绩效评价标准类似。当然，大数据时代，数据信息呈现多样性、庞大性、客观真实性，制定的绩效评价标准更加全面、更加系统，对员工可以进行综合评价，使考核结果更具说服力。

（3）确立绩效评价标准的原则。在制定评价标准时，应满足以下要求：

第一，公正性与客观性。公正性与客观性是指评价标准的制定及其执行，必须科学、合理、不加入个人好恶等感情成分。

第二，明确性与具体性。明确性与具体性是指评价标准不能含混不清，抽象深奥，而应该非常明确，一目了然，便于使用，尽量可以直接操作，即可进行测量；同时，还应尽可能予以量化，即可定量测定。如"工作热情高"这条标准便不能满足这一要求，应定为"工作认真，不闲聊，不使设备停机或空转"，就比较具体明确。

第三，一致性和可靠性。一致性和可靠性是指评价标准能适用一切同类型员工，即一视同仁，不能区别对待或经常变动，致使评估结果缺乏可比性，也就是评价不能达到必要的可信度。

第四，民主性和透明性。民主性和透明性是指在制定标准过程中，要依靠员工，认真听取他们的意见，这不仅有利于制定标准，而且还有利于取得员工对所定标准的认同。同时，还要将评价标准向员工交底，将评价结论反馈给被评者，以增加评价的透明度。

2. 实行绩效考核评价

（1）考评者与被考评者的培训。在执行考评过程之前，人力资源部门应该对考评者与被考评者进行有关培训，包括企业绩效评价制度、实施的措施与原则以及一些考核技巧方面的培训。对考评者的考核培训的要点在于以下方面：第一，如何设立员工的考核目标，即让考评者真正掌握目标设立的SMART原则，目标应该是具体的（Specific）、目标必须是可衡量的（Measurable）、目标是为员工所能达到的（Attainable）、目标是与员工工作相关的（Relevant）、目标是有时间限制的（Time-based）；第二，确立良好绩效与处理表现不佳员工的方法；第三，如何分析员工的个别特性；第四，如何界定职位职责，因为它是考评员工的重要依据；第五，如何避免评价失误等。培训中，还应该运用一些典型的个案进行训练。

对被考评者进行培训的主要目的是达到沟通的作用,即员工了解考评者的作用或意义,企业实施考核的基本工作流程,员工在考评中的作用或职责以及实施考核的时间计划等。

(2)考核的执行与实施。实施考核是指对员工的工作绩效进行考核、测定和记录。这一阶段的主要任务是了解被考评者的工作行为和工作结果的实际情况。绩效考核是一项鉴定活动,一定要讲求证据,要使员工的绩效得到真实而具体的反映。因此,在了解实际进行的过程中,一定要实事求是,全面准确地收集反映员工工作绩效的有关资料。主要做好以下工作:第一,成立评估小组,并对评估人员进行培训,使之能熟悉评估标准及评估方法,能客观公正进行评估;第二,评估人员能够迅速、准确掌握员工绩效的信息资料和工作表现;第三,员工对照考核标准进行自我评估,并将自我评估结果反馈到评估小组;第四,评估人员根据自己掌握的评估记录和被评估者自评资料,汇总得出被评估人员的全部真实记录。

(3)评价结果的评定。评定结果根据评估的记录与既定评价标准进行对照来分析与评判,从而获得评估的结论。评估结论一般包括被考评者的成绩(优点)、缺点(需要改进的地方)以及有关评估建议等内容。在评定考评结果时要注意以下方面:第一,考评人员要客观、公正地进行评定,绝不能带有个人感情色彩,否则,影响考评结果的正确性;第二,考评结果的确定,一般要在评估小组充分讨论基础上,按少数服从多数原则表决确定;第三,考评的结果在未公开之前,评估小组人员不得私下向员工透露,以免员工找麻烦。

3. 反馈绩效结果

绩效考核的重要目的之一就是员工技能的开发与能力的提高,因此,绩效评价的信息应该反馈给被考评者,让被考评者了解组织对自己工作的看法与评价,从而发扬优点,克服缺点。考评结论一般应采用表格或书面形式,通知被考评者,并由被考评者签署意见交由评估小组。若被考评者不接受评估结论,则可交由评估小组重新复评或者最高管理者最后裁定。另外,还应对评价中发现的问题,采取纠正措施。因为考绩是员工主、客观因素的综合结果,所以纠正不仅是针对被考评的员工的,也需要针对环境条件做相应的调整,从而使今后员工的工作绩效更好。

在进行绩效考核面谈中,管理者与员工还应根据情况制订下一考核周期内员工绩效的改进计划。同时,管理者还应不断指导员工的工作,帮助员工实现计划。

4. 运用绩效结果

绩效管理能够用数据而言，用数据来管理，用数据来决策。处在大数据背景下，绩效考核的结果也呈现多元化发展趋势，主要涉及员工薪酬、培训发展及人员配置等方面。

在员工薪酬方面，绩效考核的结果与员工直接收益的挂钩主要体现在两方面：一是调薪结果；二是奖金发放。在培训发展方面，通过大数据技术，可深度挖掘绩效数据背后的规律，对员工后期工作进行预测，让员工自身能了解职业发展方向以及自己所擅长的技能，从而在岗位中能发挥自己的聪明才智。在人员配置方面，借助绩效考核数据的收集处理，测试员工与岗位的匹配度，有助于企业能及时掌握不同员工的特点，以便对人员进行合理配置。

绩效管理的四个环节是环环相扣、相互推动的，形成一个持续不断的闭环流程系统。绩效沟通贯穿于绩效管理的全过程，包括绩效计划沟通、绩效实施沟通和绩效结果沟通，绩效计划沟通是在绩效管理实施前的培训过程、绩效指标体系的建立、目标值的确定过程的沟通；绩效实施沟通是在绩效辅导和绩效考核过程中的沟通；绩效结果沟通是绩效结果的应用以及绩效反馈的沟通。

（五）绩效管理的方法与工具

科学合理、行之有效的绩效管理方法，是企业实现战略目标的有力支撑。常用的绩效管理方法和工具主要有比较法、行为法、结果法、战略性绩效管理工具等。

1. 绩效管理的比较法

比较法是指按被考评者绩效相对优劣程度，通过比较，确定每位被考评者的相对等级或名次的方法。按照比较的程度不同，比较法又可分为以下三种：排序法、强制分布法、配对比较法。

（1）排序法。排序法是指根据被考评员工的工作绩效进行比较，从而确定每一员工的相对等级或名次。排序法有简单排序法和交替排序法两种。其中，简单排序法就是考评者将所有被考评（或本部门）的员工从绩效最高者到绩效最低者（或从最好者到最差者）排出一个顺序来。交替排序法就是考评者首先在被考评的员工中找出最优者，然后再找出对比最鲜明的最劣者；接着找出次优者、次劣者；如此循环，由易渐难，绩效中等者较为接近，必须仔细辨别直到全部排完为止。以上这种方法适用于规模较小的企业或管理有限人数下属的管理者。具有简单易行、评价成本较低的优点；也存在缺点：评价结果在很大程度上取决于部门经理对员工的看法，公平性常受到质疑；当被考评人数增多时，操作比较困难。

（2）强制分布法。强制分布法的根据是事物"两头小，中间大"的分布规律。首先，确定各等级在总数中所占的比例。例如，按照一定比例原则来确定员工的绩效分布情况："绩效最高的"15%、"绩效较高的"20%、"绩效一般的"30%、"绩效较低的"25%、"绩效很低的"10%。然后，按照被考评者绩效的相对优劣程度，强制列入其中的一定等级。强制分布法迫使考评者（或管理者）根据分布规则的要求，而不是根据员工的绩效进行归类。比如"绩效很低的10%"的那部分人不一定干得最差，只是表明，与其他的人相比，这部分人的工作表现和成绩属于最差部分。所以，各部分之间差异的含义，仍需要用具体的工作信息做出补充说明

（3）配对比较法。配对比较法要求考评者（或管理者）将每一位员工与工作群体中的其他每位员工逐一比较，按照配对比较中被评价为较优的总次数来确定等级名次。这是一种比较系统的工程，当全部的配对比较都完成后考评者再统计每一位员工获得较好评价的次数（即对所得分数汇总），即员工的绩效评估分数。配对比较法对于考评者而言是一项很花时间的绩效评估方法，并且随着组织变得越来越扁平化，控制幅度越来越大，这种方法会变得更加耗费时间。如果有 n 名员工参加考核，将共有 $n(n-1)/2$ 次比较。例如，一位管理人员手下只有 5 个员工，则必须进行 10 次比较法进行考核，优点表现在以下方面：①能排除出现居中趋势误差、过度严格误差出现的可能性；②比较容易设计，且在大多数情况下都比较容易操作。不足之处在于：①难以将员工绩效与组织战略目标联系在一起。尽管考评者可以根据员工个人的绩效对于组织战略的支持程度来进行评价，但是，这种联系常常并不是直接挂钩。②主观性强，评价结果的效度和信度易取决于考评者本人。因此，以员工比较为基础的考核方法难以证明员工能否胜任工作，面临较大的法律风险。

2. 绩效管理的行为法

行为法是一种试图对员工（或被考评者），为有效完成工作所必须显示出来的行为进行界定的绩效管理方法。

（1）关键事件法。关键事件法要求考评者或管理者将为每位员工准备一本"绩效考核日记"或"绩效记录"，由考察人或知情人（通常为被考评者的直属上级）随时记载。记载的事件既有"好"事也有"坏"事；记载的事件是较突出的、与工作绩效直接相关的事，而不是一般的、琐碎的、生活细节方面的事；记载的事件是具体的事件与行为，而不是对某种品质的判断，如"他很认真"。事件的记录本身不是评语，只是素材的积累。根据具体事实或素材，经归纳、整理，便可得出可信的考评结论。

关键事件法中的"事件"在对被考评者进行反馈时，可以被用来向员工提供明确的反馈，让员工清楚地知道自己哪些方面做得好、哪些方面做得不好，并加深被考评者对

事件的理解，有利于员工进行改进，员工也易于接受，而且还可充实那些抽象的评语。此外，在这些"事件"中，还可以重点强调那些能够支持组织战略的一些关键事件，使员工的目标与组织的战略目标紧密联系起来。但是，关键事件法也存在不足之处：管理者往往拒绝每天或每周对其下属员工的行为进行记录；因为每一个事件对于每一位员工而言都是特定的，要对不同员工进行比较通常也是很困难的。

（2）行为锚定等级评价法。行为锚定等级评价法是建立在关键事件法基础之上的。该方法的目的在于：通过建立与不同绩效水平相联系的行为锚定来对绩效维度加以具体界定。在同一个绩效维度中存在着一系列的行为事例，每一种行为事例分别表示某一维度中的一种特定绩效水平。实施行为锚定等级评价法，首先必须搜集大量的代表工作中"优秀"和"无效绩效"的关键事件。其次将这些关键事件划分为不同的维度，把能清楚代表某一特定绩效水平的关键事件挑选出来。考评者根据每一维度来分别考察员工的绩效，最后以行为"锚定"为指导，确定与员工情况最相符的每一维度的关键事例，这种评价就成为员工在这一绩效维度上的得分。

行为锚定等级评价法的优点在于：通过提供一种精确、完整的绩效维度定义来提高考评的信度；不足之处在于：员工的那些与行为"锚定"最为近似的行为，往往是考评者容易回忆起来的信息，因此，受到考评者的主观影响。

（3）行为观察评价法。行为观察评价法是行为锚定等级评价法的一种"变形"。行为观察评价法也是从关键事件中发展而来的方法，但与行为锚定等级评价法不同。首先，它不剔除不能代表有效绩效和无效绩效的大量非关键行为，而是用"事件"中的许多行为来具体地界定，并构成有效绩效（或无效绩效）的所有必要行为。其次，它并不是要评价哪一种行为最好地反映了员工的绩效，而是要求考评者或管理者对员工在考评期内表现出来的每一种行为的频率进行评价。最后，再将所得的考评结果进行平均之后得出总体的绩效考评等级。例如，行为观察评价法并不是仅用四种行为，来界定在某一特定维度上，所划分出来的四种不同绩效水平，而是用十五种行为。

行为观察评价法的优点包括：①能够将高绩效者和低绩效者区分开来； ②能够维持客观性；③便于提供信息反馈；④便于确定员工的培训需求。不足之处就是过于烦琐，因为它所需要的信息可能会超出大多数管理者所能够加工或记忆的信息量。一个行为观察评价体系可能会涉及80或80种以上的行为，考评者在考评时，还必须回忆每一位员工在6个月或12个月的评价期间内所表现出的每一种行为的发生频率。

行为观察评价法是一种非常有效的评价方法。①它可以将企业的战略与执行这种战略所必需的一些特定行为联系起来；②它能够向员工提供关于企业对于其绩效期望的特定指导，并进行信息反馈；③行为必须依赖详细的工作分析，因此被界定及被评价的行为都是很有效的。该方法主要不足在于：虽然这种方法与企业的战略紧密联系，但必须对行为及行为的评价进行超常性的监控和修正，以确保其与组织战略重点的联系；该方法假设存在一种完成工作的最好办法，构成最好办法的行为也是可以确认出来的。因此，它比较适合不太复杂的工作。

3. 绩效管理的结果法

结果法注重对员工的一种工作或某一工作群体的可衡量性结果的考核。结果法中最主要的考评方法是目标管理法。

目标管理（management by objective, MBO）由美国管理专家彼得·德鲁克在《管理的实践》[①]一书中提出。从此，目标管理成为美国和欧洲企事业单位所熟悉和广为采用的管理方式。根据德鲁克的观点，管理知识应遵循的一个原则是：每一项工作都必须为达到总目标而展开。衡量一个管理者是否称职，就要看对总目标的贡献如何。管理者与被管理者都清楚自己的目标和组织的总目标，并将每个人的具体活动统一到组织目标上来。因此，目标管理也是一种有效的绩效考评方法。在目标管理系统中，目标管理的原理或方式可以正规或非正规的方法运用，如果使之规范化，就可以形成一种程序。目标管理主要包括以下方面的要素：

（1）目标确定。企业的最高管理层首先要为企业确定下一年度的战略目标。这些目标会被分解到下一级管理层，管理者们就需要明确：为完成企业的这些目标，他们应当实现哪些目标。这种目标确定的过程依次延续下去，直到企业中的所有管理者都确定了为实现企业总目标的"个人"目标为止，才算形成了目标体系。那么，这些目标就成为对每一位员工的个人工作绩效评价的标准。

（2）执行计划。目标确定以后，管理者和下属都应执行这个计划。大家应讨论如何实现这个计划目标、确定完成任务的必要步骤、如何评价和对每一步骤的责任确定。

（3）发展过程检查。工作项目发展的正规监控在于判明困难的出现是否属于偶然现象，行动的矫正是否正确必要。目标管理的检查评价不是评价行为，而是评价工作绩效。如果目标确立具体、可验证，那么评价过程就简单。管理者与员工讨论是否完成了工作以及为什么能完成或不能完成，将这些检查评价工作情况记录下来并成为正式的绩效评价。

（4）自我调节。每一个管理者都应该协调他本身的工作项目并对自己和下属行为加以必要的矫正。

[①] 《管理的实践》是美国管理学家彼得·德鲁克创作的管理学著作，于1954年首版发行。《管理的实践》是第一部把管理涉及的各个领域进行系统性论述的书。

目标管理法有三个共同性部分：①要求确定具体的、有一定难度的、客观的目标；②系统中所使用的目标通常不是由管理层单方面确定的，而是由管理者及其下属人员共同参与制定的；③管理者在整个评价期间通过提供客观反馈的方式来监控员工实现目标的进展过程。

目标管理法的优点有如下方面：①有利于生产率的提高。当企业最高管理层对于目标管理法具有很强信任感时，该方法更有利于实现生产率增长的最大化。此外，该方法的目标确定过程（即全员参与目标的制定）能将员工个人的绩效与公司的战略目标联系在一起。②目标管理较为公平，因为绩效标准是按相对客观的条件来设定的。③实施的费用不高。目标的开发不像开发行为锚定式评定量表或行为观察量表费力，必要的信息都是由员工填写，管理者批准或修订。④员工对目标的完成有更多切身利益，对其工作环境有更多的了解和看法，这也便于管理者与员工之间的沟通。

目标管理法也有潜在的不足，具体包括：①员工只有行动目标，没有应该怎样完成目标的行为指导；②容易使员工过于注重短期目标或年度的目标而牺牲长期的目标；③员工目标"因人而异"，没有为比较提供共同的基础，因此有"鞭打快牛"的现象出现；④在实际工作中，由于目标管理需要大量的书面表格来记录员工的工作业绩，管理者不喜欢书面工作，而员工也不喜欢由绩效目标带来的压力。

4. 绩效管理的战略性工具

与传统绩效评价法相比，战略性的绩效考核工具始终以企业的战略为牵引，有着系统的指标分解、指标监控、指标考量与检讨体系，使得个人绩效的提高能指向组织整个企业的绩效。

（1）关键绩效指标法。关键绩效指标法（key performance indicator，KPI）是一种检测并执行企业发展战略的绩效分解指标的方法。关键绩效指标分为四类：数量性KPI，质量性KPI，成本性KPI，时间性KPI。

第一，关键绩效指标法的特征。主要体现在如下方面：①系统性。从组织、部门、班组到岗位均有各自独立的关键绩效指标，但是必须由公司远景、战略、整体效益展开，在组织内部自上而下对战略目标进行层层分解、层层关联、层层支持。②可控性。绩效考核指标的设计是基于公司的发展战略与流程，而非岗位的功能。首先，将企业的长远发展战略目标层层分解，提炼出可操作的战术目标；其次，将其转化为若干个具体的考评指标；最后，依据这些绩效评价指标，从事前、事中、事后多个维度，全面跟踪、监测和反馈企业或员工个人的绩效。③导向性。该方法强调以战略为中心，指标体系的设计与运用都为组织战略目标的达成服务。因此，当组织战略重点转移时，关键绩效指标必须予以修正以反映公司新战略的内容。

第二，关键绩效指标法的操作步骤。包括如下：①明确企业的战略目标，在企业会议上利用头脑风暴法和鱼骨分析法找出企业的业务重点。②确定企业级KPI。采用头脑风暴法找出这些关键业务领域的关键绩效指标（KPI）。③确定部门级KPI。依据企业级KPI建立部门级KPI，并对相应部门的KPI进行分解，确定相关的要素目标，分析绩效驱动要素（技术、组织、人），确定实现目标的工作流程，分解出各部门级的KPI，以便确定评价指标体系。④确定职位级KPI。将部门级KPI进一步细分，分解为更细的KPI及各职位的业绩衡量指标。指标体系确立之后，设定评价标准。指标解决"评价什么"的问题，标准解决"被评价者怎样做，做多少"的问题。⑤审核关键绩效指标。审核主要是为了确保这些关键绩效指标能够全面、客观地反映被评价对象的绩效，而且易于操作。

第三，关键绩效指标的评判原则。包括如下方面：①可衡量性。从考核角度看，该目标实现与否，超过或低于目标的程度是否可以清晰、准确、定量地进行描述。②重要性。从组织角度看，该目标对于实现其对应的组织目标的重要程度。③可控性。从执行角度看，考核对象对实现这个目标负有主要责任，并且基本上可以通过自己的努力达到目标。

（2）平衡计分卡。平衡计分卡（Balanced Score Card，BSC）[①]从绩效管理的工具发展为战略管理的工具。

第一，平衡计分卡。在传统的财务评价指标的基础上，它兼顾了其他三个重要方面的绩效，即客户角度、内部流程角度、学习与发展角度。这四个角度分别代表组织三个关键利益相关者：股东、客户、员工。它使企业中的各层经理们能从四个重要方面来观察企业，并为四个基本问题提供了答案。

首先，是财务指标：解决"股东如何看待我们"。财务绩效指标主要包括：①收入增长指标；②成本减少或生产率提高指标；③资产利用或投资战略指标。可以根据企业的具体要求，设置更加具体的指标，如经济增加值、净资产收益率、资产负债率、营业净利润和现金流量净额等。

其次，是客户指标：解决"顾客如何看待我们"。客户指标主要包括：①市场份额，即在一定的市场中（可以是客户的数量，也可以是产品销售的数量）企业销售产品的比例；②客户保留度，即企业继续保持与老客户交易关系的比例，既可以用绝对数来表示，也可以用相对数来表示；③客户获取率，即企业吸引或取得新客户的数量或比例，既可

---

① BSC即平衡计分卡（Balanced Score Card），是常见的绩效考核方式之一，是从财务、客户、内部运营、学习与成长四个角度，将组织的战略落实为可操作的衡量指标和目标值的一种新型绩效管理体系。

以用绝对数来表示，也可以用相对数来表示；④客户满意度，即反映客户对其从企业获得价值的满意程度，可以通过函询、会见等方法来加以估计；⑤客户利润贡献率，即企业为客户提供产品或劳务后所取得的利润水平。

再次，是内部业务流程指标：解决"哪些是我们擅长的"。内部业务流程指标主要包括：①评价企业创新能力的指标，如新产品开发所用的时间、新产品销售额在总销售额中所占的比例、在投产前需要对设计加以修改的次数等；②评价企业生产经营绩效的指标，如产品生产时间和经营周转时间、产品和服务的质量、产品和服务的成本等；③评价企业售后服务绩效的指标，如企业对产品故障的反应时间和处理时间、售后服务的一次成功率、客户付款的时间等。

最后，是学习与成长指标：解决"我们是否在进步"。学习与成长指标主要包括：①评价员工能力的指标，如员工满意程度、员工保持率、员工工作效率、员工培训次数、员工知识水平等；②评价企业信息能力的指标，如信息覆盖率、信息系统反映的时间、接触信息系统的途径、当前可能取得的信息与期望所需要的信息的比例等；③评价激励、授权与协作的指标，如员工所提建议的数量、所采纳建议的数量、个人和部门之间的协作程度等。

上述四部分内容虽然各自有特定的评价对象和指标，但彼此之间存在着密切的联系。平衡计分卡体现四个方面的平衡：财务与非财务衡量方法之间的平衡；长期目标与短期目标之间的平衡；外部计量（股东和客户）和关键内部计量（内部流程／学习和成长）之间的平衡；结果性 之间的平衡；管理业绩和经营业绩的平衡。

平衡计分卡改变企业以往只关注财务指标的考核体系的缺陷，能够全面综合地反映企业的管理控制和绩效水平。与传统评价体系比较，平衡计分卡为企业战略管理提供强有力的支持，可以提高企业整体管理效率，扩大员工的参与意识，使企业信息负担降到最少。

第二，战略地图。鉴于平衡计分卡只建立了一个战略框架，缺乏对战略进行具体而系统、全面的描述。战略地图是以平衡计分卡的四个层面目标（财务层面、客户层面、内部层面、学习与成长层面）为核心，通过分析这四个层面目标的相互关系而绘制的企业战略因果关系图。战略地图是以平衡计分卡为基础，能够清晰地反映出绩效维度和绩效指标的联系，弥补了平衡计分卡的局限性。

战略地图的核心逻辑：组织运用人力资本、信息资本和组织资本等无形资产（学习与成长），创新和建立战略优势和效率（内部流程），进而使组织把特定价值带给市场（客户），从而实现股东价值（财务）。例如，北京小米科技有限责任公司将关注点放在了员工和客户环节，强调二者的互动，以创造伟大的产品，进而创造需求和客户，实现良好的财务绩效。这种战略思路的转向可以称为"弩形"平衡计分卡：以客户—产品和员工—产品为弩之两翼，以客户—员工为弦，以产品为箭，其指向是财务与战略目标。战略地图绘制的步骤如下：①确定股东价值差距（财务层面）。例如，股东期望5年之后销售收入能够达到10亿元，公司目前销售额只达到5亿元，从而股东价值预期差距是5亿元。②调整客户价值主张（客户层面）。为了弥补股东价值差距，对现有的客户进行分析，调整客户价值主张（对客户而言什么是有意义的，即对客户真实需求的深入描述）。③确定价值提升时间表。针对5年实现5亿元股东价值差距的目标，确定提升的时间表，例如第一年、第二年、第三年各提升1亿元，第四年提升1.5亿元，第五年提升0.5亿元。④确定战略主题（内部流程层面）。寻找关键的流程，确定企业短期、中期、长期做什么。⑤提升战略准备度（学习和成长层面）。分析企业现有无形资产（人力资本、信息资本、组织资本）的战略准备度，评价是否具备支撑关键流程的能力。如果不具备，则找出办法来予以提升。⑥形成行动方案。根据前面确定的战略地图以及相对应的不同目标、指标和目标值，制订一系列的行动方案，配备资源。

在具体操作实践中，需要结合组织文化、信息化程度、考核基础以及岗位特征，选择切合组织实际的考核方法。例如，在大型制造企业，需要严格的纪律保证规模化的生产，以提高效率，降低成本，从而关键绩效指标法是比较合适的。

各种绩效评价方法和工具并非冲突、替代关系，而是互补关系。关键绩效指标法、平衡计分卡等战略性绩效管理工具的实施离不开表现性评价方法和技术的支撑。许多表现性评价技术，如行为锚定法和行为观察量表法通过直接为考评者提供具体的行为等级和考评标准的量表，不仅有利于管理者有效地对员工做出客观的评价，还有利于引导和开发员工的行为。在移动互联网时代，这些绩效管理方法或工具依然有效，不过也在产生一些新的变化，甚至许多企业采用多种方法的组合来实施绩效管理。例如，目标与关键成果法（Objectives and Key Results, OKR）是一套定义和跟踪目标及其完成情况的管理思想，非常适用于扁平化、小团队的组织形态。OKR绩效评估的过程：首先，员工根据高层团队确定的企业愿景以及中层管理者制定的部门发展目标确立自身目标。其次，员工明确目标的关键结果。最后，对员工绩效进行评价，包括员工对整个目标实现过程和最终成果进行展示、领导综合各方面条件进行绩效评价、在更大范围内进行讨论确定后续动向。相对于关键绩效指标法的高执行性而言，目标与关键成果法具有高度的灵活性，鼓励员工运用创造性的方法达到目标。

（六）绩效管理的实施

1. 实施者

从不同的信息来源获得员工的绩效考评信息，会使绩效管理过程更为准确和有效，这也就是目前在企业中广为流行的一个绩效考评方法：360度绩效考评法。360度绩效考评也被称为全视角考评或多个考评者考评，即由被考评者上级、同事、下级和（或）客户（包括内外部）以及被考评者本人担任考评者，从多个维度多个视角对被考评者进行全方位360度的评估，以最终的全方位结果反馈为行为改进依据，达到提高绩效等目标。其优势在于围绕被评估者从多个考评者的视角出发，弥补评价角度单一可能导致的评价偏差，使考评结果更加公允全面。实践中这一评估方式也得到了广泛认可，国内外企业有大部分企业在使用360度绩效考评，只是具体形式有所差异。

（1）直接上级。直接管理者是最经常被作为绩效信息来源的人或绩效考评者，也很符合上述的前两条，即他们对下属所从事的工作要求有全面的了解，并有充分的机会对员工进行观察，换言之，直接上级有能力对其下属做出评价。由于直接上级能够从下属的高绩效中获得利益，也会因下属员工的低劣绩效而受损，因此，他们有充分的动力对下属的绩效做出精确的评价。直接上级所提供的信息反馈通常与工作绩效具有非常强的相关性。

在某些特殊情况下，直接上级的评价信息在公正性上不太可靠。有时管理者并没有足够的机会监督下属履行其工作职责；有些管理者易使考核掺入个人感情色彩。

（2）同级同事。同级同事也是员工绩效信息的重要来源或考评者。他们对被考评者的岗位最熟悉、最内行，对被考评同事的情况很了解，但同事之间必须关系融洽，相互信任，相互间有一定的交往协作，而不是各自为战的独立作业。这种办法多用于专业性组织，企业专业性很强的部门也可以使用；同时，还可以考评很难由别类员工考评的岗位，如中层干部等。

利用员工同事进行考评的缺点就是：他们与被评价者之间的关系可能会造成评价的偏差。另外，当绩效评估的结果是被用作管理决策的依据时，员工与同事之间也常常感到不太舒服。所以这种评价结果仅被用在员工的开发目的中。

（3）直接下属。在对管理者进行考评时，其直接下属员工是一种特别的有价值的绩效信息来源。下属是最有权利评价其直接上级是如何管理或领导他们的。不过下属人员比较愿意以匿名的方式提供管理者的绩效反馈。与同事评价一样，仅将下属评价用在管理人员的开发方面是一种明智的做法。为了确保下属员工不会遭到管理者的报复，下属评价有必要采用匿名的方式，并且每次至少要有三名员工对同一位管理人员进行评价。

（4）被考评者本人。这就是常说的自我鉴定。虽然，自我评价并不是经常作为绩效评估信息的唯一来源，但它也是非常有价值的。员工是最了解自己工作行为的人，自我考评能令被评价者感到满意，抵制少且能有利于工作的改进。但是这种评价方法的缺点在于：会导致个人夸大对自己的绩效考评。这主要有两方面的原因：第一，如果评价的结果被用在管理决策（如加薪）方面，那么员工必然有充分的理由夸大自己的绩效。第二，社会心理学中有大量事实证明，人们总有一种把个人的不良绩效归咎于外部因素的倾向，因此不要将自我评价的绩效结果用于管理性目的。自我评价最好用在绩效反馈阶段的前期，以帮助员工思考一下他们自己的绩效，从而将绩效面谈集中在上级和下级之间存在分歧的地方。

（5）顾客。许多公司把顾客也纳入员工绩效考评体系中。由于企业的产品或服务都具有独一无二的性质，即产品的生产和消费常常是在某一个时点上发生的，无论是上级、同事还是下属有时都没有机会去观察员工的行为。相反，顾客经常是唯一能够在工作现场观察员工绩效的人，因此，在这种情况下，顾客就成了最好的绩效信息来源。

顾客评价的缺点在于其成本较高。为了对一位员工进行评价，企业花费在打印、邮寄、电话以及人工在内的各项成本支出就可能会较高。但是，进入移动互联网时代，顾客（或消费者）参与对员工绩效的评价越来越方便。例如，分享平台的人力资源分为两种"运营管理团队和分享搁置资源的供给者"。运营管理团队的人力资源管理涉及人数少、范围小，与传统人力资源管理有相似之处，分享搁置资源的供给者人力资源，如滴滴的专车司机和出租车司机，为绩效管理带来挑战。在绩效管理方面，生产者通过智能化的平台自主接单、自主与消费者联系完成订单和评价结果，平台公司无须提供特定的绩效管理和考核等手段，只是平台公司为保证信誉和品牌，必要时会对生产者的服务质量进行一定考核。例如，完成订单的时间要求（如司机必须在几分钟内接上乘客）、质量要求（如服务态度、资源状况保持）、安全要求等，并根据考核和消费者评价结果，对生产者进行取舍。

合理的信息来源应当满足的理想条件：①了解被考评岗位的性质、工作内容、要求及考核标准与企业政策；②熟悉被考评者本人的工作表现，尤其是本考核周期内，最好有直接的近距离密切观察其工作的机会；③绩效信息来源必须公正、客观，不具偏见。最好的绩效信息来源应当是那些能够最有机会观察员工的行为及其结果的人。上述五种不同的绩效信息来源都有自己的优势和不足。通常情况下，综合采用不同的信息来源效果较好。

2. 结果处理

绩效考评结果的处理就是通过对考核实施所获得的数据汇总、分类，利用数理统计方法进行加工、整理，以及得出考核结果的过程。

（1）考评数据汇总、分类。考评数据汇总与分类就是将收集上来的不同考评人员对同一被考评者的考核结果进行汇总，然后根据被考评者的特点，对考评结果汇总、进行分类。

（2）确定权重。权重就是加权系数。所谓加权就是强调某一考核指标在整体考核指标中所处的地位和重要程度，或者某一考核者在所有考核者中的地位和可信度，而赋予这一考评指标某一特征的过程。特征值通常用数字表示，称为加权系数，加权能够通过确定大小不同的权重，显示各类人员绩效的实际情况，提高考评的信度和效度。

（3）考评结果的表示方法。在获得大量考核数据之后，可利用数理统计的方法计算考核结果，一般采用求和、算术平均数等十分简单的数理统计方法。考评结果还需要用一定方式表示出来，一般有以下方面：

第一，数字表示法，即指考评结果用最基本的形式，直接用考评结果的分值对被考评者的绩效情况进行描述的方式。其优点是具有可比性，规格统一，数据量大，并为实现计算机管理创造了条件。但数字描述不够直观，需要与文字结合。

第二，文字表示法，即用文字描述的形式反映考评结果的方法。建立在数字描述的基础之上，有较强的直观性，重点突出，内容集中，具有适当的分析，充分体现了定性与定量相结合的特点。

第三，图线表示，即通过建立直角坐标系，利用已知数据，描述出图线来表示考核结果的方式。它具有简便、直观、形象、对比性强的特点，适用于人与人之间、个人与群体之间、群体之间、个人或群体与评定标准之间的对比关系。

3. 反馈与辅导

绩效考评最重要的是让员工们意识到工作绩效没达到预期绩效的要求，教员工如何改进绩效。员工对反馈的接受程度是影响绩效改善的重要因素之一，而其受反馈形式、管理者的反馈技巧、管理者和员工的关系质量等的影响。绩效反馈的形式是多样的，比如设立意见箱、设置专门沟通渠道、主动征求建议、绩效面谈等。有效的管理者应当以一种能够诱发积极的行动反应的方式来向员工提供明确的绩效反馈。有效的绩效反馈具有以下特点：

（1）员工的绩效反馈应是经常性的。管理者一旦发现员工绩效中所存在的缺陷，就有责任立即指出，并教他如何纠正。管理者应当经常性地向员工提供绩效反馈，从而使他们清楚知道自己的绩效水平。

（2）为绩效讨论提供一种好的环境。管理者应当选择一个中立的地点来与员工进行绩效讨论。管理者的办公室通常并不是最佳的绩效反馈地点。因为员工往往会把过去在办公室所遇到的令人不愉快的谈话联系在一起，所以管理者选择一个谈话轻松的地方，并且管理者应该表明，绩效会谈应当是一种开诚布公的对话。

（3）反馈之前让员工先对个人绩效进行自我评价。在让员工参加绩效面谈之前，先让其认真思考一下自己在绩效考评期内所达到的绩效，并鼓励他们寻找自己的不足。一方面，用于管理目的自我评价；另一方面，员工在用于开发目的的自我评价中比管理者对自己所做出的评价要低。反馈面谈的重点可放在上、下级之间存在分歧的问题上，这会提高绩效反馈过程的效率，并让员工对自己过去的绩效进行认真思考，让其完全参加到反馈过程的讨论之中去。

（4）鼓励下属员工积极参与绩效反馈过程。在绩效反馈的过程中，有以下三种方法供管理者采用：一是"讲述推销法"，即管理者告诉员工对他们的绩效评价，然后再让员工接受管理者对他们做出的该项评价的理由。二是"讲述倾听法"，即管理者告诉员工对他们做出了怎样的绩效评价，然后再让员工谈一谈对这种绩效评价的看法。三是"解决问题法"，即管理者和员工在一种相互尊重和相互鼓励的氛围中讨论如何解决员工绩效中所存在的问题。

（5）赞扬、肯定员工的有效业绩。绩效反馈过程的焦点应当集中在找出员工绩效中所存在的问题，提供准确的绩效反馈，其中既包括查找不良绩效，同时也包括对有效业绩的认可。赞扬员工的有效业绩会有助于强化员工的相应行为。此外，通过清楚地表明管理者并不仅仅是在寻找员工绩效的不足而增加了绩效反馈的可信程度。

（6）重点放在解决问题上。管理人员在绩效反馈方面通常会犯的一个错误是，他们往往把绩效反馈看成是一个对绩效不良员工进行惩罚的一个机会，因而总是告诉这些员工他们的绩效是如何的糟糕。但这种做法只会伤害员工的自尊，以及强化他们的抵触情绪，这两种情况都不利于员工的绩效改善。为了改善员工不良的绩效，管理者先与员工一起来找出导致不良绩效的实际原因，然后就如何解决这些问题达成共识。每一种原因都要采取不同的解决方法。如果不采用这种解决问题法来进行绩效反馈，那么纠正不良绩效的方法可能永远都不会找到。

（7）将绩效反馈集中在行为上或结果上而不是人的身上。在进行负面反馈时，要避免对员工个人存在的价值提出疑问。

（8）尽量少批评。如果一位员工的绩效低于规定的标准，那么必然要对其进行某种批评。然而，一位有效的管理者则应当抵挡住抽出进攻之剑的诱惑。当一位员工面对个人所存在的绩效问题时，他或她往往是同意自己应当在某些方面有所变化的。但是，如果这时管理者仍然不断举出其绩效不良的例子来,那么员工无疑会产生一种防卫心理。

(9)制定具体的绩效改善目标,然后确定检查改善进度的日期。制定目标的重要性不能被过于夸大,它只是最为有效的激励因素之一。目标的制定有利于提高员工的满意度、激发员工改善绩效的动力以及实现绩效的真正改善。除了确定目标外,管理者还应当确定对员工达到目标绩效要求的进展情况进行审查的具体时间。

二、薪酬管理

(一)薪酬管理的基本认知

薪酬(compensation)是一个相当复杂的社会经济现象。一直是经济学界和管理学界关注的热点。人们对薪酬的含义有多种理解。传统经济理论认为,薪酬是劳动力价格,薪酬也就是劳动报酬;传统企业管理理论认为,薪酬属于企业劳动成本,是一种生产费用,是激励员工的一种手段;现代经济理论认为,人作为企业的特殊生产要素,属于人力资本,薪酬是人力资本投资企业获得收益的回报。现代企业管理理论认为,人作为一种资本投资,其获得的薪酬是企业利润分红的一种形式,是促进企业与员工共同发展的手段。

从企业不同相关利益者角度看,股东认为,管理者薪酬关系到大家的利益,如美国通常以股票期权方式把公司财务状况与管理者薪酬相联系;管理者认为,薪酬是推动企业战略目标实现的强有力激励工具,员工薪酬是一个典型的企业重要成本项目,且薪酬也是影响员工的工作态度、工作方式及组织业绩的重要因素。因此,薪酬决策能使企业具有竞争优势。员工则会认为,与工资、薪水及劳动报酬有关的政策对其总收入以及生活水平有着极大影响,且薪酬还常常被看成地位和成功的标志。总而言之,社会、股东、管理者和员工对薪酬的理解有鲜明的对照,每一种观点对薪酬决策而言都息息相关。

薪酬是指员工从企业所得到的金钱、各种形式的服务和福利,作为企业给员工的劳动回报的一部分,薪酬是劳动者应得的劳动报酬。从战略角度看,薪酬不只是对员工贡献的承认或回报。还是一套把公司的战略目标和价值观转化成具体行动方案,以及支持员工实施这些行动的管理流程。一般对薪酬含义的理解有两种:从广义上看,报酬是一个组织对自己的员工为组织所付出的劳动的一种回报或答谢,这种回报包括经济性的报酬和非经济性的报酬,其中经济性报酬是指工资、奖金、福利待遇和假期等;非经济性报酬是指个人对企业以及对工作本身在心理上的感受。从狭义上看,薪酬是指个人经过劳动所获得的工资、奖金以金钱或实物形式支付的回报。

薪酬与工资。两者有许多相同点,在许多地方混用,但使用场合和对象上有差异。从字面含义看,薪酬是名词化的动词,含有用薪水酬劳、酬谢之意,与企业激励机制联系密切，是管理者的重要管理手段。工资是名词，往往与生活费用相联系，是企业应该付给的。一般而言，在现代企业分配制度中，对劳动力资源和普通员工实行的是工资制，对知识员工（如技术创新者和职业经理人）实行的是薪酬制。在我国，习惯用工资涵盖企业、机关、学校、社会团体等各种单位的各种层次的劳动者，宏微观都适用。一些企业为了以示区别，愿意采用薪酬，用以特指员工的劳动报酬，只在微观层次使用。因此，薪酬是指企业对员工给企业所做出的贡献，如绩效，付出的努力、时间、学识、技能、经验与创造等所付给的相应报酬或答谢，是员工从事所需要的劳动而得到的以货币或非货币形式的补偿。

薪酬与福利。薪酬一般是对个人或团体与劳动者或劳动者群体的劳动量相联系的劳动报酬，具有很强的目的性；福利与员工的身份挂钩。同样的身份拥有同样的福利，跟工作能力无关。在我国，福利主要指各种津贴和补贴。例如，高温津贴、库区津贴、住房补贴等。两者定位不同：福利关注通过非现金方式解决员工切实关心的问题，是从长期的角度来考虑的；薪酬更多地关心个人即期的收入，强调贡献和效率。但有时两者的界限比较模糊，可相互转化。

1. 薪酬管理的主要构成

薪酬包括企业员工全部劳动报酬收入，包括货币收入和非货币收入。可分为外在报酬和内在报酬。

（1）外在报酬。这是指员工因受到雇用而获得的各种形式的收入，包括工资或薪水、绩效工资、短期奖励、股票期权等长期奖励、津贴及各种非货币形式的福利、服务和员工保护等。外在报酬的组成要素对员工的影响是不同的。其优点在于容易界定范畴和定量分析，便于在不同个人、工种和组织之间进行比较。直接薪酬是以法定的货币形式直接支付给劳动者的报酬。直接薪酬具体包括以下方面：

第一，基本工资，即薪酬系统中主要组成部分，是指企业依据国家法律规定和劳动合同，以货币形式支付给员工的劳动报酬，属于固定收入，具有常规性、固定性、基准性、综合性等特点。其中，广义的工资包括基本工资和奖金、津贴、补贴、劳动分红等各种形式的附加工资；狭义的工资主要指基本工资或标准工资。在我国采用的结构工资中，基本工资往往较低而平均，以保障员工能维持正常生活水准。

第二，绩效工资，是以实际的最终劳动成果确定员工薪酬的工资制度，也称浮动工资。从本质上而言，它应是根据工作成绩而支付的工资，主要依据工作成绩和劳动效率。但在实践中，因绩效量化不易操作，故除计件工资和佣金制外，绩效工资是指依据员工绩效而增发的奖励性工资。

第三，奖金或奖励，为奖励那些超额完成任务或者超前完成任务者，或为激励员工去完成原本不需要或原本不可能完成的任务，另外给予员工基本工资以外的奖励性报酬。奖励分为短期奖励与长期奖励。短期奖励是和员工个人、部门或团体在某一较短时间内明确的绩效目标挂钩；长期奖励更关注较长时间内的绩效水平，如很多企业有针对其经营者和专业人员的基于组织投资回报率、市场份额等长期业绩目标的股票期权等长期激励计划等，以保留和激励公司的优秀员工。奖金或奖励有别于绩效工资：一方面员工获得的奖金不会自动被累积纳入基本工资中，要想再次获得同样的奖金必须继续努力；另一方面给予员工奖励通常以实物产出为基础，而非以主观绩效评价结果为基础。

第四，津贴，是一种补充性劳动报酬，也称附加薪酬，分为非薪酬性和薪酬性两种。非薪酬性津贴主要是指对一些有特殊贡献的人员发放津贴，其目的相当于奖金，但以津贴形式发放；薪酬性津贴主要是指员工在特殊劳动条件下所付出的额外劳动消耗和生活费开支的一种物质补偿形式。对一些劳动强度大、劳动条件差的劳动岗位，需要劳动者付出更多的劳动力支出，或对劳动者身体造成一定的伤害，企业通过津贴形式予以补偿。主要的津贴有补偿额外劳动消耗的津贴、补偿额外生活费支出的津贴、地区差异津贴等。间接薪酬，是指不直接支付给劳动者本人并具有一定公益性的报酬，包括保健计划、带薪休假、服务及额外津贴等福利，甚至包括办公室装潢、宽裕午餐时间、业务用名片及头衔等。其中，福利是指企业为员工提供的工作报酬之外的一切物质待遇，目的是使员工及其家属在工作及生活中获得更大的便利。

（2）内在报酬。相对于外在报酬而言，它是指企业为员工提供较多的学习机会、挑战性工作、职业安全感，以及员工通过自己努力工作而受到晋升、表扬或受到认可与组织的重视。其特点是难以进行清晰的范围界定，不易量化和比较，没有固定的标准，操作难度比较大，需要较高水平的管理艺术。例如，通过通报表扬、授予荣誉称号等形式激励对企业和社会做出贡献的员工。

2. 薪酬管理的影响因素

影响一个组织薪酬体系设计的因素很多，主要可以划分为三类：外部影响因素、内部影响因素和个人因素。

（1）外部影响因素。

第一，劳动力市场。劳动力市场上的供求状况变化决定企业对员工成本投入，从而影响企业员工薪酬水平变化。市场上对企业产品需求增加导致企业扩大市场规模，企业要招到数量足够、质量合格的劳动力将提高工资水平；当产品需求下降，在其他条件不变的情况下，企业将会降低工资，停止招新的员工，甚至对原有员工裁减；其他行业或本行业企业薪资水平上升，会导致本行业、本企业劳动供给数量的减少。本企业为招募到一定数量、质量的劳动力将会提高薪资水平；反之，将会降低本企业员工薪资水平。总而言之，如果社会上可供企业使用的劳动力大于企业需求，企业薪酬水平相应会降低；反之，企业薪酬水平相应会提高。

第二，政府政策调节。市场经济条件下的政府对企业薪资水平的干预主要表现为以培育、发展和完善劳动力市场为中心，用宏观经济政策调节劳动力供求关系，引导市场。政府的这种干预包括直接调节与间接调节。直接调节是政府通过立法来规范企业的分配行为，从而直接调节企业薪酬水平；间接调节是指政府不是专门调节薪酬变动，而是用调节其他经济行为和社会行为的政策，从而对企业薪酬水平产生影响。

第三，经济发展与生产率。一般而言，当地的经济发展处在一个较高水平、其劳动力生产率高时，企业员工薪酬会较高；反之、企业员工的薪酬会较低。如我国沿海地区经济发展水平较高，大城市经济发展水平较高，这些地区企业员工的薪酬较高。劳动力价格在不同国家、地区有所不同，是因各地消费水平、劳动力结构、劳动生产率等因素不同引起的。

第四，物价变动。物价变动会直接影响员工生活消费品价格的变动，直接影响雇员薪酬水平。在货币薪酬水平不变或变动幅度小于价格上涨幅度的情况下，物价上涨会导致员工实际薪酬水平下降；反之，会引起薪酬水平上升。

第五，地区生活水平。主要从两个方面影响企业薪酬政策：一方面，生活水平高了，员工对个人生活的期望也高，对企业薪酬水平的压力就大；另一方面，生活水平高也可能意味着物价指数持续上涨，为保持员工生活水平不降低或购买力不下降，企业会给员工增加薪酬。

第六，行业薪酬水平。行业薪酬水平变化主要取决于行业产品市场需求和行业生产率两大因素。当产品需求上升时，薪酬水平可有所提高；当行业劳动生产率上升时，薪酬水平也可以在企业效益上升的范围之内按比例提高。历史原因和现实需要，各行业的员工对报酬的期望是不同的。

（2）内部影响因素。

第一，企业支付能力。企业支付能力取决于员工生产率，企业经济效益好坏直接决定员工个人收入水平。薪酬是劳动力价格和价值的表现形式，和其他劳动要素成本价格一样，随着企业效益而变动。尤其是非基本薪酬部分与企业效益的联系更为密切。

第二，企业发展阶段。薪酬政策是综合各种因素而做出的决策，具体包括三个方面：一是薪酬成本投入政策；二是选择工资制度；三是确定工资结构和工资水平，在企业不同发展阶段，其经营战略不同、赢利能力也不同，企业薪酬战略也应不同，即企业薪酬战略应与企业战略相适应。

第三，组织文化。组织文化不同必然会导致观念和制度的不同，从而会影响到企业的薪酬模型和分配机制，进一步间接地影响薪酬水平。例如，提倡集体主义文化的企业，薪酬差别较小；提倡冒险精神的企业，工资很高，福利较差；提倡安全、稳定的企业，工资较低，但福利较好。

第四，经营层领导态度。薪酬管理策略选择与设计在很大程度上由企业领导的态度决定。在公司制企业中一般要经过董事会审定，在工厂制企业要经过厂级领导的审定和认可。高层领导对薪酬的理解和重视程度及对保持和提高士气、吸引高质量的员工、降低离职率、改善员工的生产水平的种种愿望，以及对员工本性的认识和态度等，都会对企业薪酬水平和薪酬策略产生影响。

（3）个体影响因素。

第一，岗位职位差异。岗位是影响薪酬重要因素，不同岗位的薪酬不同。例如，总经理的薪酬和生产工人的薪酬一定不同；技术总监的薪酬与行政文员的薪酬也不同。工种与企业内部人力资源市场有关，不同工种其报酬系统也是不同的。

第二，工作表现。即便同类岗位，如果员工投入程度不同，技能有差异，那么对企业价值贡献也是不同的。任何岗位上的人员不同时期在工作中的表现是有差异的，有时表现出色一些，有时则表现不尽如人意。对员工表现好、贡献大的给予其薪酬要更高一些；在其表现不好时，给其收入会少一些。因此，在同等条件下，高薪也来自个人工作的高绩效。

第三，资历水平。一般而言，通常资历高的员工比资历低的员工的薪酬要高。例如，员工工龄越长，工资越高，福利也越好，主要因为工龄长意味着对企业的贡献多。

第四，员工的需求偏好。由于不同的员工常常在生活环境、教育背景以及个性特征上有所不同，其个人心理需求和偏好也就不尽相同。企业应当尽可能提供差别化和个性化的薪酬方案来满足他们的需求。

总而言之，决定企业间和企业内部劳动者之间薪酬水平以及变动的因素很多，但是起决定作用的还是企业的内部因素。

（二）薪酬管理的结构分析

薪酬管理结构是指企业为适应内外环境变化，从薪酬管理入手，适当运用企业资源指导企业行动获得竞争优势的一项长期计划。建立薪酬管理结构是设计薪酬体系的第一步。

1. 薪酬管理结构的要素

薪酬结构主要受薪酬等级、薪酬级差的影响。决定薪酬等级和薪酬级差的标准也是薪酬结构的影响要素。

（1）薪酬等级。这是确定薪酬结构的重要因素之一。薪酬等级是在岗位价值评估结果基础上建立起来的，它将岗位价值相近的岗位归入同一个管理等级，采取一致的管理方法处理该等级内的薪酬管理问题。等级的数目和各等级之间的关系是薪酬等级的重要内容。薪酬等级并不是严格地与组织结构对应，但与组织的薪酬政策有关。各等级间的关系非常重要，影响到各级之间的薪酬差距。

（2）薪酬级差。薪酬级差是影响薪酬结构的另一个关键因素。不同等级间的薪酬差异被称为级差。薪酬级差的大小应符合薪酬等级间的关系，等级差异大应拉大级差，等级差异小则应缩小级差。如果两者关系不对应，容易引起不同等级员工的不满。等级差异过大，等级较低的员工会认为有失公平，等级较高的员工也可能会过于担心能否保持较高的工资水平；等级差异过小，会挫伤不同等级员工的积极性，等级较高的员工认为其劳动没有得到认可，等级较低的员工则认为不值得付出更多的努力以换取微小的差异。因此，合理的等级差异相当重要，这是保持内部一致性的重要方面。级差可根据职位、业绩、态度、能力等因素划分，要尽可能地体现公平。

（3）薪酬管理结构确定的依据。无论薪酬等级和薪酬级差制定得如何合理，没有相应的评价标准也终将难以让人信服。理想的标准是科学的、明确的、可测量的，便于组织采用。在确定标准方面，通常有两种思想：以岗定酬或者以人定酬。以岗定酬是根据工作任务、岗位责任、承担风险、工作环境等因素来确定该岗位应获得的报酬。以人定酬则是根据个人的能力、知识和一些个人的具体情况，来确定此人应得到的薪酬。前者是以岗位为中心，后者是以人为中心，两者的视角不同，因而其制定的标准也呈现较大差异。

2. 薪酬管理结构的类型

根据薪酬结构设计依据可划分以下方面：

（1）工作导向。这是指以工作为依据设计薪酬结构，即岗位工资制。它是以工作岗位的技能要求、工作努力程度、岗位责任及工作环境等因素来确定各种工作的相对价值。通常以工作评价为基础，工作评价又是建立在工作分析基础上的。将工作评价与工资标准水平结合可确定薪酬结构。岗位工资体系对嘉奖员工的知识和技能及鼓励员工学习与岗位相关的新技能常常不起作用；不能促使员工参与组织文化；也不能增强员工适应能力以达到企业生产和服务的要求。因此，很多企业更倾向于技能工资体系。

（2）技能导向。技能导向的薪酬结构越来越受到企业的重视。技能导向，根据员工掌握的技能来确定工资，即技能工资制。技能导向一般有两种：一是以知识为基础，二是以多种技能为基础。前者是根据员工所掌握的完成工作的知识深度来确定工资；后者是根据员工能胜任的工作种类数目，或是员工技能的广度来确定工资。当管理者将员工安排在最需要岗位上时，技能导向法能使生产率更高，员工更主动地学习和工作，提高员工适应能力以达到生产或服务的标准，减少缺勤和人员流动带来的损失。当企业需要新技术或现代化的技术时，员工也乐于接受培训。用技能导向来确定工资结构要从技能分析入手。技能分析是一种系统的收集完成组织中的工作所需要的知识与技能方面信息的方法。必须确定"技能块"和技能水平。技能块是完成工作中的不同类型的技能集合。技能必须是从工作中提出的。"技能块"目的是促进员工队伍的高度灵活性，并被企业和员工认同。然后在每个"技能块"内划分不同等级，即技能水平。

（3）绩效导向。绩效导向型薪酬结构的基本特征是薪酬以绩效为标准，发放薪酬的主要依据是员工近期的业绩水平，随工作绩效的不同而变化。处于同一岗位的员工可能获得不同数额的薪酬。只要员工为企业做更多贡献就会得到更多回报。其优点在于：能将员工的贡献与其收入结合起来，有非常好的激励作用。但绩效导向的薪酬结构可能导致员工牺牲长期利益而追求短期绩效；只注重自己的绩效而不与他人合作交流。主要适用范围包括：任务饱满，有超额工作的必要；绩效能自我控制，可通过主观努力来改变。

（4）市场导向。这是指企业根据市场竞争对手的工资水平来确定本企业内部的工资结构的方法。具体做法如下：首先，对本企业内部所有工作岗位根据其对公司目标实现贡献的大小进行排序，其次，对市场上与本公司有竞争关系的若干家公司进行薪酬调查。注意本企业会有一部分与竞争对手相同或相似的工作岗位，也会有一部分不同。再按竞争对手与本公司相同工作岗位来确定本公司可以比较的工作岗位的工资水平。参照这些可以比较的工资水平再确定那些不同的工作岗位的工资水平。它强调的是公司人工成本的外部竞争力，是一种让竞争者来决定公司内部的薪酬结构，但有可能失掉公司内部的平衡性。

各种薪酬结构都有其优点、缺点和特定适用范围。不同导向型的薪酬结构向员工传达了不同的薪酬理念与企业价值观，从而引导员工走向企业期望的行为和态度。

3. 薪酬管理的结构策略

薪酬结构策略是指如何确定固定部分和变动部分的比例，也就是说薪酬结构的稳定性或刚性。刚性是指固定工资和浮动工资的比例关系，固定工资高则刚性强，浮动工资高则刚性低；差异性是指员工工资多少因人而异、因岗而异的特性。从刚性和差异性维度可把薪酬结构分为如下三种薪酬模式：

（1）高弹性薪酬模式。薪酬结构中固定部分比例低，而浮动部分比例高。其中，绩效薪酬是薪酬结构的主要组成部分，比重较大；基本薪酬等处于非常次要的地位，所占的比例非常低（甚至为零）；福利、保险的比重较小。高弹性薪酬是一种以短期绩效为主的高浮动薪酬计发模式，薪酬主要是根据员工近期的绩效决定的。当员工的绩效非常优秀时，薪酬则非常高，而当绩效非常差时，薪酬则非常低甚至为零。高弹性薪酬模式具有激励性强、高弹性，薪酬与工作绩效紧密联系以及易于控制人工成本的优点，但使员工缺乏安全感。它适合于人员流动性较高、工作变动性大、需要创建品牌以及快速增长型的企业，处在初创期或快速成长期的企业。

（2）高稳定性薪酬模式。薪酬与个人绩效关联不大，员工收入相对稳定。薪酬中固定部分比例高，而浮动部分少。其中，基本薪酬是薪酬结构的主要组成部分，福利、保险比例适中，绩效薪酬等处于非常次要的地位，所占的比例非常低（甚至为零）。高稳定性薪酬中员工的薪酬收入与其工作绩效关系不大，主要取决于企业经营状况和员工的工龄、资历等。这种薪酬模型使员工收入非常稳定，几乎不用努力就能获得全额的薪酬。高稳定性薪酬模式的优点在于：员工流动性小、较稳定；员工有较强的安全感。但激励性差，企业的人工成本负担重。它适合于业务经营稳定性强的企业和事业单位、处在成长期后期至成熟阶段的企业。

（3）折中薪酬模式。这是一种既有激励性又有稳定性的薪酬模型，绩效薪酬和基本薪酬各占一定的比例。基本薪酬、奖金和其他附加工资的比例适中；或较低的基本薪酬，奖金与业绩、成本挂钩。当两者比例不断调整和变化时，这种薪酬模型可以演变为以激励为主的模型，也可以演变为以稳定为主的薪酬模型。该薪酬模式的优点在于：考虑满足员工的安全性需求，降低员工离职率和提高企业激励性。但它的设计和实施需要薪酬管理人员具有较高的理论水平和经验技术，各种形式薪酬组合平衡的"度"往往难以把握。它适合于较成熟的企业，处在成熟期或衰退期的企业。

一般而言，高弹性薪酬模式适用于高级管理人员和生产人员，折中薪酬模式适用于中层管理骨干，其他人员则适用于高稳定性薪酬模式。对能够严格要求自己、积极要求上进、喜欢接受挑战的员工可采用高弹性的薪酬模式，对老老实实做事、追求工作和生活稳定的员工则可采用高稳定型的薪酬模式。虽然员工特点容易区分，但具体岗位上一般包括多名员工，作为企业整体薪酬制度，不太可能细化到为每一名员工都单独设计薪酬制度的程度，因此，在实际中，更多的企业采用的是折中模式。另外，除了薪酬结构因比例而影响选择，企业还需要特别重视薪酬结构本身的特质，薪酬结构状态受薪酬等级和级差的影响，按级差状态分大级差结构、小级差结构和均匀结构，而这种策略选择主要受工作本身重要性、复杂程度及需要的知识难度而决定。

第四章　知识经济时代下的高校人力资源管理创新

第一节　高校人力资源管理

从宏观角度，人力资源是指一个国家或地区中已经达到劳动年龄，能够独立参加社会劳动，能推动社会经济向前发展的劳动力。从微观角度，人力资源可指企事业单位或组织中能够创造价值、起到贡献作用的人员能力。

高校作为人才的聚集地和培养地，在人力资源方面有得天独厚的优势，其优势主要体现在：优秀人才的供给源源不断与科学研究成果更新速度快。高校的人力资源作为优质的人力资源具有双重性：一是高校人力资源是高素质的人力资源；二是高校承担着培养和储存人力资源的责任。在新的时代背景下，国家发展知识经济必须重视高校人力资源的作用，利用高校人力资源的力量发展高科技产业。而高校的发展也要融入知识经济中，必须从高校自身的人力资源出发，科学地开发和利用人力资源。

高校资源主要是指：财务资源、人力资源、物资资源。而人力资源具有创造性、灵动性、开发性等特性，因而成为高校资源中的精华部分。高校人力资源的定义可分为广义和狭义两种：广义的高校人力资源是指高校在职的师资、离退休重聘人员、部分待业人员的总称；狭义的高校人力资源是指对高校教育事业的发展有一定贡献，能为经济与社会发展培养专业的人才，以脑力劳动为主、体力劳动为辅，并处于劳动中的人们的总称。狭义的高校人力资源还包含质量与数量两个方面。质量是指高校劳动者的教育程度的高低、专业文化知识储备、学术研究水平、健康状况等要素。数量是指高校中处于劳动中的人们年龄、性别等要素。高校人力资源主要由师资、管理人员以及后勤服务人员三个部分组成。

高校通过对高素质人才的不断获取，将人才资源与高校的教师资源进行整合，使之达到最优。高校激发教师资源的潜能，提高他们对学校教育事业的积极性，以实现学校发展目标。从宏观来看，高校人力资源管理是指高校人力资源管理部门运用科学的管理方法，落实对高校各类人员的规划和组织工作，包括引进人才的培训与开发、人才的有效利用、制定公平的评估标准，并且对各项工作的预先规划以及灵活调控。从微观来看，它是指高校人力资源管理部门对各类人才的规划和配置，包括招聘制度、教育培训、绩效考核、激励机制、人员流动等。高校人力资源管理指高校对人力资源科学化的使用、开发与培训、管理等一系列活动的总称。

高校人力资源的强化管理，一方面对高校自身的人力资源配置、高等教育事业发展及加大人力资源开发力度起到重要作用；另一方面对于充分挖掘人才的潜能、激发人的积极性和创造性也起到很重要的作用。研究高校人力资源管理，能有效提升高校自身水平，促进我国社会进步和经济发展。

一、高校人力资源管理的重要性

高校人力资源是指在高等教育机构中的教育工作者，他们可以为高校教育工作做出突出贡献，能够对国家、社会产生帮助。这些人才包括高校中科教人员、管理人员、后勤人员以及离退休人员等。

高校人力资源管理是通过制定高校目标任务并结合科学的管理方法，遵循人才发展规律，对学校的岗位人员进行有目的性的培训，合理规划和组织。高校人力资源需要做好本职工作，如培训考核、工资福利等，合理有序地协调人力资源关系，将高效率、高回报作为人力资源管理的目标。

随着社会经济、文化等各方面的发展，各行各业对人才的需求仍然较大，人力资源的培育也在影响着社会各方面的发展，这是由于人力资源管理对于发掘人的潜在能力和推动经济发展具有不可替代的作用。现在经济发展基本是依靠知识增长和科技进步，人才和知识支撑着经济的增长。人力资源对于当代经济发展的影响至关重要，因此，人力资源管理需要进一步加强，使其更加具有科学性、实践性。不同的时代需要不同的人才，但每个时代中的人才都具有重要作用。高校是培育优秀人才的重要基地，各高校每年都会有人才的输入与输出，其人力资源源源不断，非常丰富。因此，高校人力资源想要进一步升华，需要展现出自己的核心竞争优势。人力资源代表着高校的发展水平和实力。

高校在经济增长过程中起到不可忽视的作用。它从创新源头出发，直接参与到经济增长，将高校的综合科技力量作用于社会经济发展。区域高校和区域社会接轨，既可以建立校企合作的渠道以实现双赢，又可以推动经济和科技的快速发展。高校可以有计划、有目的性地培养新一代的人才，根据社会需求培养专业性人才。高校教师有着较高的专业知识和文化素质，可以在教书育人过程中起到示范作用，为区域社会发展提供坚实的文化支撑。

高校对高等教育体系的完善与发展具有关键作用，通过传授深层次的理论学习以及与社会实践之间的互联互动，为社会培育大量优秀的人力资源，因此高校对社会各方面的发展具有重要的战略作用，主要包括以下方面：

第一，高校是提高劳动者素质的重要基地。对于高校的教育，不论是学历教育还是非学历教育都承担着为国家的经济建设和社会发展培养人才的职责，高校的人力资源又承担着培养劳动者的主要责任，对其进行管理的质量就直接影响到所培养的劳动者的素质。

第二，高校是经济发展的有效动力。高校作为人才的集结地，拥有大量的人力资源。丰富的人力资源是促进国家经济发展以及人才强国战略实现的动力与基础，是国家创新知识和人才储备的重要组成部分。在我国高校，人力资源管理必须实行规格化、系统化的管理，建设一支结构合理、注重团队、勇于创新、高素质、高能力的人才资源队伍。各个高校只有做到严格的人力资源管理，才能够为国家经济发展做出突出贡献，为国家的进步提供可靠保障。在现今经济飞速发展的时代，高校的作用主要是为各个行业和经济发展提供人才，通过创新科学技术带动经济发展。

第三，高校是传承、更新和创造文化的主体。随着时代的发展，高校逐渐成为传承中国优秀传统文化、创新中华文化的主体。每所高校的发展都代表着本区域的文化教育产业形象，对所在区域的文化建设有重要影响。区域文化的延续与发展与高校人力资源管理密切相关，甚至部分高校能够对整个国家的发展造成一定的影响，它们之间紧密联系。

第四，高校自我发展与提升的需要。人才强国战略是我国的目标，在高校中的战略目标是打造"人才强校"，想要提高高校的整体实力，首先需要完善高校人力资源管理，增强教师的工作积极性，合理地进行教师队伍流动，建立健全的教师激励机制，建设一支整体素质和工作能力都处于高水平的教师队伍，以加强高校的整体实力，加快高校发展。

二、高校人力资源管理的目标

第一，取得最大的教职工人力资源使用价值。高校要合理地使用教师资源，高校人力资源开发与培养及其管理必须以充分激发每一位教职员工的潜能为目标。为了达到这个目标，高校需要为教职员工营造一个良好的环境，让高校教师能够发挥自己最大的优势，高质量完成学校关于人力资源开发、培训及其管理的目标。

第二，全面提高教职工的综合素质。高校人力资源管理想要取得一定的成绩，必须突破传统的高校人力资源管理模式。传统高校人力资源管理模式只单方面注重对教师的使用，而对教师的培训和开发的投入程度还不够深入；现代高校人力资源管理模式对教师资源的合理使用及培训与开发两个方面都非常注重，使得高校人力资源的价值不断提高。关于教师资源使用观念的转变，毫无疑问对高校的长远发展具有不可估量的价值。

第三，最大限度地调动教职工的主观能动性。在传统高校人力资源管理模式的影响下，教师的工作是被动的，只是单纯地为了完成工作任务而工作，工作目的也只是为了完成学校的任务目标，工作效率差。现代高校人力资源管理模式的观念是维护和激励高校教师人力资源，以激发教师工作的主观能动性。

第四，培养高校教师积极向上的作风。现代高校人力资源管理模式对教师人力资源的开发和使用更加合理，为高校教师群体营造良好的工作氛围，增进教师与教师、教师与领导之间的感情，减少矛盾，让教师获得更高成就感，从而激发每位教师工作的主观能动性，达到学校的组织目标。

三、高校人力资源管理的职能

虽然每个高校所采用的人力资源管理教材有所不同，对人力资源职能的介绍也存在差异，但是综合来看它可以分成三类：第一类反映了不同阶段人力资源管理职能的侧重面有所不同；第二类反映了不同社会环境对处在其范围内的高校的不同要求；第三类反映了不同经济体制对人力资源的不同要求。以下主要探究五个职能：人力资源规划、招聘、绩效管理、培训与开发、薪酬和福利。

第一，人力资源规划。高校是优秀人力资源的培育基地，校内的教师及其他管理人员均按照高校的发展规划制定各自的目标。任何工作的开展都需要进行相关规划，人力资源管理也需要进行人力资源的规划。高校人力资源的规划是从自身战略定位出发，逐步建立健全学科建设和学术梯队建设。从高校长远发展的角度出发，制订相对应的各个时期的人才队伍规划。人力资源规划对高校整体发展具有重要影响，是高校持续发展的重要基础，同时高校人力资源规划也有利于推进人力资源建设。

第二，人力资源招聘。为了达到高校的人力资源管理目标，通过一系列环节而获得高校所需要的，符合工作要求的合格人员即是人力资源的招聘。招聘是人力资源管理中重要的组成部分，高校人力资源的招聘主要包括制定岗位需求、岗位聘任条件、岗位职责、考核目标。它是使高校充满生机活力的重要手段，使高校人力资源不断吸收新鲜血液，对高校发展有着重要的作用。

第三，人力资源绩效管理。绩效管理是对人力资源管理过程的管理，通过对人力资源实行绩效管理，持续提升员工个人以及组织的绩效，在增加员工满足感与成就感的同时，也有助于组织目标的实现。

第四，人力资源培训与开发。学校通过教书育人培育高素质人才，每所学校每年都会有人才的引进与输出，学生、学校管理者和组织等会随着时间发生一定的变化。对于高校生源的不断涌入，也在推动着高校各方面的发展变化，而高校想要培育适应时代发展的优秀人才，必须采取实际行动，积极开发与培训人力资源，同时也要在人力资源培训与开发方面加以改善和创新。人力资源开发是有目的性地发掘，计划性地培养，不断完善人力资源的过程。它从人力资源投资的角度出发，借助国家制度、政策以及科学方法加以改善人力资源的培育和管理，在培养优秀资源的同时，激发人的内在潜能，进而提高人的综合能力，为经济和社会的发展做出贡献。

第五，人力资源薪酬和福利。社会劳动形式可以大体分为脑力劳动与体力劳动两类。在高校从事各种工作的劳动者大多数属于脑力劳动，体力劳动相对较少。脑力劳动的劳动成果具有滞后性，因此在评估的时候较为复杂。对高校劳动者劳动成果的科学评估是高校人力资源管理中薪资方面的重要内容。

总而言之，高校人力资源管理的五个职能不是孤立的，某一职能的决策将会影响到其他方面。

四、高校人力资源管理的发展

（一）发展阶段

第一，人事管理阶段。传统的人事管理经历过三个阶段的发展：科学管理阶段、工业心理学阶段和人际关系管理阶段。在传统的人事管理中，"人"仅被看作档案，而人力资源管理部门只是用来办理日常考勤、工资发放、离职、退休、离休等手续的部门。

第二，人力资源管理阶段。随着人力资源管理理论的全面发展和逐渐成熟，人们对于人力资源管理的研究也在向如何为企业战略服务转移，人力资源管理部门在企业中扮演的角色也向企业战略合作方向转移。企业战略人力资源管理理论的提出、发展与完善，是现代人力资源管理进入新阶段的主要标志。

现代人力资源管理分为三个发展阶段，分别是人力资源管理阶段、战略人力资源管理阶段及人才管理阶段。人力资源管理阶段，是一个快速发展、创新与变革的时期。在这期间，人力资源管理从传统的人事管理转向现代人力资源管理，随之建立六大模块：人力资源规划、招聘与配置、培训与开发、绩效管理、薪酬福利管理、劳动关系管理，但是起初，各个模块是相互独立的体系。战略人力资源管理阶段，组织设计被纳入人力资源管理的工作业务范围内，也成为提示员工满意度和敬业度的主要部门，部门的发展目标服从于企业战略目标。人才管理阶段，人力资源管理的各模块不再相互独立，而成为一个整体，人力资源管理部门的工作重心转向对高素质人才的招聘、培训、管理及留住人才上，其主要工作目标是为保障公司发展而提供持续的人才供应，强化人力资源管理的战略地位。

（二）发展趋势

在高校的发展变革中，人力资源管理制度的变革大致分为四个阶段：第一阶段称为探索阶段。在探索阶段，由于没有理论作为指导，高校人力资源管理主要以职称制度为主；第二阶段称为制定阶段，制定主要是指制定相关的法律法规，改进工资制度与选聘制度等；第三阶段称为深化阶段。在深化阶段，基于原有的人力资源管理基础，对人力资源管理的改革力度不断深化；第四阶段称为全面发展阶段，全面展开人力资源管理的改革，包括岗位制定、收入分配、职业生涯规划等。中国高校的人力资源管理发展顺应了世界人力资源管理的发展潮流，从传统人事管理模式逐步过渡到现代人力资源管理模式，还出现一些新的模式。

第一，教师聘用的方式日趋多元化。现代高校教师招聘已经打破过去由政府直接分配的模式，形成双向选择的招聘模式。高校对应聘者，更多的是注重对其综合素质的考核。应聘者对高校的选择也有一定的要求，如福利待遇、教学氛围、地理位置等。高校对教师的选聘方式也越来越多样化。选聘方式在一定程度上打破传统的高校教师选聘的观念，为教师选聘改革提供新思路。

第二，建立动态的目标管理和绩效评估体系。随着高校人力资源管理的发展，对学校的长远发展与教师个人的发展目标相结合越来越重视。如此一来，对高校教师工作情况的评价也趋向客观性与公平性，这能激发高校教师的工作积极性与工作热情，为学校发展做出更多的贡献。

第三，由战术型向战略型人力资源转变。高校教师资源在高校资源中的作用越来越突出，成为高校发展的最重要资源。想要发挥教师在高校整体发展中作为主要资源的作用，需要加强人力资源管理者与高校教师之间的沟通与合作。人力资源管理者要不断提高自身的专业知识，从日常的行政事物中解放，着眼于战略性人力资源管理。

第四，竞争激励机制不断加强。竞争机制被引入到很多高校的职称评选。竞争机制的引进，促进高校制定规范化的教学、考验量化标准。公平的竞争机制不仅能有效提高高校教师的工作积极性，还能不断提高教师自身的教学和科研水平，进而推动高校快速发展。值得重视的是，对高校的教师不仅要注重精神方面的激励，还要给予充足的物质方面的激励，落实高水平人才的薪酬问题，为教师提供良好的实验和研究条件，保障其才华有足够的施展空间。

第五，营造积极的组织氛围。高校人力资源管理部门要制定系统的教师职业生涯规划，定期对教师进行培训，为他们的晋升和发展创造有利的条件，保证其有发展的空间。这一系列的措施能增强教师对学校的认同感和归属感，对自身与学校的发展充满信心，在学校形成教师与教师、教师与管理层之间密切合作、共同努力的良好氛围。

第二节 知识经济时代下的高校学生管理

高校是培养高素质人才的重要场所，做好学生管理工作则是实现这一教育目标的重要保证。知识经济作为新时代的新型经济形态，对于高校学生管理工作提出了更高的要求，因此，高校在开展学生管理工作中要引入现代管理理论，更好地适应经济时代到来。在学生管理工作的开展中，要善于利用公共关系理论协调好学生的公共关系，将学生的德育放在首位，优化校园风气，为学生营造有品位的校园文化氛围，使高校学生管理工作朝着积极的方向发展。

一、知识经济时代下高校学生管理的学习观

想要更好地适应今后社会的改革与发展趋势，就要针对既有的高校教育模式进行优化改进，重点强化学生四项基础性的学习技能。

第一，认知技能。即指导学生掌握更多认识世界的工具与方法，养成终身学习和自我监督的好习惯。这是知识经济时代的核心要求，更是高校生实现长远化发展的前提。

第二，做事能力。强调学生可以适应各类工作环境，能够自觉地在做中学和学中做，从而熟练掌握更多的专业技能。而这里强调的能力，包括实际动手、人际关系协调、组织管理、矛盾化解、风险承担等能力。

第三，合作技能。主张激发学生的团队协作和积极参与精神，实现各领域最新创意和成果的共享，为现代化建设协同助力。再就是生存技能。高校教育的宗旨，还在于令学生灵活适应当下生存的环境，并积极地进行创新改造。处于知识经济时代环境之中，判定一类员工是否优秀，主要看其是否是具备综合素质的复合型人才。即要求其拥有广泛的专业技能、丰富的想象力、独到的创新力、灵活的组织和说服力，同时更善于透过

各方面进行学习和补充提升自我。

综上所述,知识经济时代对于各领域人才有着全新的要求。作为一名优秀的高校教师,要积极发挥好对学生的生活技能指导和学习规划等工作。诸如定期组织党团和文化活动,鼓励学生参与各类社会调查与社区服务等。使学生更加独立自主,明确奋斗目标,从而有针对性地学习和谋求长远化的发展。

二、知识经济时代下高校学生管理的挑战

第一,高校学生管理工作不能适应高校后勤管理社会化的发展趋势。随着社会经济的发展,高校后勤管理工作也逐渐发生了一定的变化,高校后勤管理工作逐渐社会化,按照市场经济规律运行,将学校作为开放性的市场,允许社会上的人员、资金、技术等开拓校内市场。尽管这些经营者入驻校内市场是为了盈利,而学生在缴纳各种费用的同时也逐渐形成教育投资意识,这对于学校办学水平、教学质量有了更高的要求,但同时也为学生管理工作带来了不便。传统的学生管理工作不能满足高校后勤管理信息化的需要。随着信息技术的发展,对学生的学习和生活产生了深刻的影响。然而互联网的双面性也逐渐凸显:一是为学生的学习和生活提供了新的发展空间;二是网络中充斥着不健康的东西。

第二,现有学生管理机制不能适应社会主义市场经济的发展速度。随着社会主义市场经济的发展和完善,高校的学生管理工作也发生了相应的变化,如管理职能向服务职能转变、学生定向就业向自主择业转变等,这些都需要新的、系统性的管理理论和方式来支撑其实施,而新的高校学生管理机制尚未形成。另外,随着社会经济的发展,学生的思想观念、价值取向也发生了一定的变化,这对高校学生管理工作有了更高的要求,而原有的学生管理模式已经不能达到预期效果。

第三,传统的高校学生管理模式不能适应知识经济全球化发展趋势。随着知识经济全球化趋势增强,高校教育体制、观念、方式等都面临着新的挑战。在知识经济全球化的背景下,国内高校学生管理工作必将与国际接轨,实现管理理论和管理方式的转变。另外,在知识经济全球化的背景下,中西文化交流频繁,交流手段和途径多种多样,受外来观念的影响越来越大,学生在激烈的文化碰撞中难免会遇到新的问题,而国内高校的传统学生管理模式则不能适应知识经济全球化的发展趋势。

三、知识经济时代下高校学生管理的措施

第一,建立健全现代化学生管理制度。在知识经济时代,高校若想做好学生管理工作,则要借助现代管理理论综合分析传统学生管理制度存在的缺陷,不断增强自身的管理意

识，建立健全现代化学生管理机制，为学生管理工作的开展提供制度保障。因此，高校就要依据本校的实际情况，建立规范化、系统性、权威性的学生管理机制，进一步明确高校后勤管理人员的责任和义务，通过可操作性强的规章制度来规范学生的行为，有效的协调学生的公共关系，进而有效地保证高校学生管理工作的实施。

第二，优化管理队伍，突出服务职能。在知识经济时代下，高校若想实现对学生的科学管理，需要高校组建一支具备现代管理意识、服务意识、奉献精神的现代化学生管理队伍。因此，要求管理人员具备扎实的现代管理理论基础，具有先进的政治思想素质，能够熟练掌握现代知识和技术，以及良好的管理服务意识。在实际的学生管理工作中，做好学生的思想教育工作，引导学生适应知识经济时代的发展要求，不断提升自身的知识素质和个人素质，逐渐形成正确的思想观念和价值取向。另外，学校要尊重学生的主体地位，秉持"以人为本"的教育理念，在学生干部中选拔优秀的学生管理人员，引导学生积极参与到学生管理工作中，不断增强学生自我管理意识和自我约束能力。

第三，强化高校学生的自我管理意识。在知识经济时代背景下，高校若想做好学生的管理工作，则需要调动学生参与管理的积极性，通过发挥学生的主观能动性，实现被动管理到自我管理的转变，管理人员则要做好指导工作，逐渐形成教师调节、学生自我管理的模式。在这个管理模式中，学生既是管理者，又是被管理者，学生在角色转变的过程中，不断增强自我约束管理的能力，在学习知识的过程中不仅学到了知识，又锻炼了自己，而学生的主体意识和责任意识明显地增强，最终实现高校学生管理工作的有效实施。

第四，营造高品质的校园文化氛围。校园秩序是反映一所学校整体管理水平的重要标志，能够直接反映学校的精神文化建设程度和学生的精神面貌，在高校的学生管理工作中，校园环境发挥着重要的作用。因此，高校就要强化校园环境的建设，为学生营造良好的校园文化氛围，通过无形的教育力量感染学生，陶冶学生的情操和品质，又以无形的力量规范着学生的行为，形成良好的学校风气。首先，是高校就要增强对学生的思想教育，引导学生形成正确的思想观念；其次，是把握学生风建设，激发学生学习的动力，形成良好的校园风气；最后，是做好学生管理的宣传工作，通过网络平台为学生传递正能量。

总而言之，在知识经济时代，高校学生管理工作更加复杂艰巨，若想做好学生管理工作，则必须顺应社会发展的趋势，将现代管理理论引入学生管理工作中。在学生管理工作开展的过程中，要树立"以人为本"的管理理念，建立健全管理制度，增强教师的服务意识，协调好学生的公共关系，全面调动学生的积极性，充分发挥学生的潜能，使学生管理工作有效进行，为建立和谐的校园环境提供保障。

第三节　知识经济时代下的高校教师管理

高校教师绩效考核是高校教师管理的一个系统过程，在实际考核过程中涉及考核制度的建立、指标体系的设计、考核程序的确定等多方面的内容。

一、知识经济时代下高校教师管理的绩效方案

绩效考核对于科学考量和评价高校教师的工作业绩至关重要，对高校人力资源的合理配置起着非常重要的作用。实现科学绩效考核的起点，无疑是拥有一套与现实相结合的教师绩效考核方案。对于院校最重要的就是要根据知识经济时代下教师角色的新变化，建立起合理而新颖的教师绩效考核方案，为教师绩效的改善提供重要依据。因此，在知识经济时代和全球高等教育受到市场化的影响之下，高校的当务之急便是重新认识高校功能定位及教师角色的变化从而建立起适合时代发展的教师绩效考核体系，考核方案与体系的设计必须与时俱进，根据知识经济时代的要求进行更新，制定出能符合时代要求的绩效考核体系，这样才能充分顺应世界高等教育的发展，才能充分顺应高校教师角色的转变，也才能科学、客观地评价教师的工作业绩。具体而言，绩效方案的确定有以下方面：

第一，在学术资本主义的浪潮中，教师的研究方向已经越来越倾向于实用研究，教师绩效考核标准中无论是教学还是科研方面都应该强化实用性，如可以在教学评价中加强实践教学评价手段，在科研评价中强化创新因素的重要性，鼓励教师将创业活动与科研成果相结合。

第二，在知识经济背景下，需要不同学科之间的教师通力合作才能完成，科学技术的发展使得很多研究需要多学科、跨学科地合作，因此，在更新的教师绩效考核指标中，还必须强化对教师团结意识、合作意识等方面的考核。另外，在高校教师考核的指标体系中，须加强对教师创新意识的考核权重，加强对教师创新工作的考量。

二、知识经济时代下高校教师管理考核的多元化

考核主体的不同可造成考核的视角、行为、方法都不同。随着近些年来教师角色的多样化，高校教师不仅是高校中"传道、授业、解惑"的教书先生，而是被赋予了项目合作者、创业家、企业咨询家等多种角色。对于教师的考核工作，也不仅应由学校的主管行政领导来主持。教师角色的多元化与考核主体的单一性造成了对教师工作

业绩评价的片面化。因此，必须实现多元化的考核主体。随着企业管理理论在其他领域的运用，360度考核法进入了高校的领域。360度考核法也称全方位反馈考核，是一种从不同层面的人员中收集考评信息，从组织成员所接触到的各个主体获取信息，考核组织成员业绩的方法。这与实现考核主体多元化的目的不谋而合。因此，无论是学校内部或外部，都应引入更加现代化的考核方法和更多多元化的考核主体，以期对教师进行更加科学的考核。

从学校内部来讲，在确定教师考核的考核主体的时候，不仅应包括学校和学院的行政领导，而是应该尽可能地引入更多元化的主体。

第一，学校和学院的行政领导纳入考核主体是无可厚非的。作为学校和学院的管理者，他们需要通过考核对整个学校或者学院的人力资源进行有效的调控与管理，而且学校和学院的管理者也是有义务对其组织成员的日常行为做一个公正的评判，并促进其专业发展。

第二，将同行专家纳入考核主体也是必须的。作为行业的专家，对本专业的教学、科研工作了解透彻，对本专业教师所取得的科研成果的重要性也有着科学的判断，他们在对科研考核过程中往往有着不同的认识角度，因此他们做出的考核意见是很有价值的。

第三，同事也是教师考核中不可或缺的主体之一。同事作为日常生活中与教师联系最密切的群体，对其日常教学、科研活动甚至是日常生活中为人处事的习惯以及师德作风都比较了解，同时，在知识经济背景下，课题常常以项目的形式出现，团队运作模式下同事对其科研业绩及所做出的贡献有着更加真实的发言权，因而可以作为评价主体之一。

第四，教师教学工作的直接对象是学生，教师也被要求要把学生放在主体地位，将学生的需求作为一切教学活动的出发点，因此，以学生是否满意作为衡量教学效果的主要依据最能确知教师的教学行为和效果，学生也最有资格评价教师的教学行为，近年来我国高校兴起的学生网上评教就是将学生纳入考核主体范围之内的表现之一。

第五，教师自我考核，最了解教师情况的非他自己莫属，只要教师本着客观公正的原则对自己进行考核，这种考核结果具有很大的意义。但是，每一种考核都必然有着其不客观的地方，因此必须根据每种考核者的评价结果的重要程度，对其考核结果设立相应的权重，只有这样才能做到相对科学、公正。

第四节　知识经济时代下的高校人力资源管理创新思考

一、知识经济时代下高校人力资源管理创新思考的作用

高校在我国经济体制中处于一个极其特殊的地位，其多数由政府建造，以公益性和服务性为主，虽然不直接参与经济建设，其发展对国家正常运转起到不可替代的作用，可为社会主义现代化建设输送大批人才。在社会的快速发展中，高校更应发挥其优势作用，不断创新管理理念，来实现高校长远可持续发展。在具体的实施过程中，可引入企业化理念和现代人力资源管理模式，创新传统人力资源管理理念和管理方式，来提升高校整体管理水平。

第一，提升教职工积极性。高校因其公益性质和服务性质，往往不会立竿见影的看到经济效益，导致教职工积极性不强，对自己的职业前途没有相应规划，整体积极向上的氛围感不强。而引入并优化人力资源管理模式，可在高校中营造出竞争氛围以及积极向上氛围，能更好地促进教职工重新制定职业目标，从而提升其工作积极性和工作效率。

第二，提升高校发展力。高校作为社会服务组织的重要组成部分，在国家经济建设中可以起到极大的保障作用和支持作用。引入人力资源管理理念，优化人力资源管理模式，可以使得高校在科学制度的引导下有序发展，从而更好地向前发展。

二、知识经济时代下高校人力资源管理创新思考的对策

（一）人力资源管理理念的转变

在高校中，加大对人力资源管理力度，提升对其重视程度，创新管理模式可极大地提升人才利用率，最大限度地发挥高校在人才聚集上的模范带头作用。

第一，要求高校负责人积极转变传统人力资源管理理念，全面贯彻落实以人为本，重视人才在未来社会发展和带动高校实现长远可持续发展中的重要作用，打破传统人才选聘中的局限性，广开招聘门路，拓宽招聘渠道，在高校内部树立尊重人才、尊重知识的校园文化氛围。

第二，树立正确人才观念，重视基础人才在人才中的重要地位，在重视高精尖人才的同时更要加大对基础人才的重视程度。

第三，树立正确人才选拔任用观念，打破传统人力资源管理中单一的选拔任用观念，

创新人才选拔任用模式，加大对人才潜能开发和梯队建设的重视程度，来最大限度发挥人才的重要作用。

第四，打破人才独有观念，树立正确的人才流动思想。当今社会，人才属于全社会的资源，合理引入和流动都是正常且被允许的。

第五，树立契约精神，以契约的模式开展管理工作，明确违约者所需要承担的各项责任，规范人才流动秩序。

第六，须树立合作共赢思想，将高校中人才的未来发展规划和高校发展方向有机结合在一起，提升人才的工作积极性，加大对教职工的培训力度，根据高校实际情况，制订相关培训方案，选择合适的培训内容，提高教职工整体思想道德素质与工作能力。

可借鉴其他高校的优秀经验，结合自身实际，设计一套符合高校情况的培训方案，内容应包括两方面，即提升教职工工作能力和思想观念，以达到教职工整体素质的提高，促进高校可持续发展。

（二）健全相关管理制度的建立

知识经济时代中，高校人力资源管理应积极顺应时代发展潮流，引入现代企业人力资源管理相关理念，完善相关组织架构，引入当下流行的扁平化组织管理和柔性化组织管理。在高校中，知识型人才占据绝大多数，对于管理组织架构中激励和平等重视程度较高。在很多高校中，组织结构以传统金字塔式为主，上级和下级之间界限分明，监督控制力度较为严格，对人才最大限度发挥其重要作用产生一定阻碍。因此，须积极转变传统思想观念，创新组织结构模式，精简管理层，从金字塔式转变为扁平化，加大基层单位的自主权，加大资源共享力度；实行决策权下放，学校采取宏观管理，政策制定和实施均由下属单位自主完成，尊重教职工意见和建议，营造民主开放氛围，提升教职工工作积极性，培养其责任感。

在知识经济时代中，管理手段也得到极大的创新，需要根据自身实际情况制定行之有效的人力资源管理制度来提升管理效率。高校以知识性人才为主，其对自主平等的要求较高。针对于此，高校在制定人力资源管理制度时须充分将其考虑在内，营造平等轻松的工作氛围。

第一，可实行目标管理，根据每个学院和每个专业自身的不同特点来制定管理制度，管理制度须灵活，鼓励教职工自主选择完成目标和工作任务的方式，弱化对工作过程的管理力度，强化工作结果考核，完善相关评价机制，提升工作效率；在具体的实践过程中，可实施绩效考核制度，注重引入企业化的理念，根据自身情况，设立绩效制度，明确工作目标，将工作成果与工资福利相关联。可依据绩效定薪酬，以工作完成的多少和完成的情况以及完成的好坏来确定工资待遇与相关福利。也可出台相关规定，依据薪酬定绩效，将工资福利设立为几个档次，每个档位薪酬有其相对应的工作要求，达到哪一档次的工作要求就拿哪一档次的工资。设立灵活薪酬，可以极大地提升教职工工作积极性和工作效率，从而使得高校也全面提升自己的教学水平，更好地为社会主义现代化建设而服务。

第二，加大情感管理力度。传统高校人力资源管理中，以物质激励为主，虽起到一定的激励效果，但从长远而言，会使得教职工过于依赖物质，忽略自身重要职责，没有真正实现工作效率的提升。在知识时代里，高校须全面贯彻以人为本，关心教职工的生活和工作的各个方面，构建和谐工作氛围，采取人性化管理方式，提升人才的认同感。

第三，在制定激励制度时，须注重物质激励和精神激励相结合，实行灵活激励制度，将教职工的工作成果与绩效考核挂钩，更与薪酬福利待遇相关联，提高工作积极性和工作动力，提升工作效率。在制定激励政策和绩效考核时，要注重公平性和客观性。摒弃过往凭借考核人员主观意识评定教职工表现的方式，要结合其实际表现和工作完成情况，系统全面地考核教职工工作成果，结合非量化指标和量化指标，综合评价其表现。并将考核结果在单位内公布，做到结果公正且公开，使得激励政策真正落到实处，避免暗箱操作。在制定相关政策上，要避免惩罚为主，奖励为辅，避免为惩罚而惩罚，打击教职工积极性。也不要一味进行激励，忽视其在工作过程中的缺陷及不足，导致其产生浮躁心理。可构建软激励政策，针对不同人才提出不同发展方向，提升管理效率。

（三）着重管理文化氛围的创新

在知识经济的要求下，高校不断加大制度建设力度，对于文化建设重视程度不足，建设力度不足，导致在开展人力资源管理时有着一定的局限性，无法全面提升管理效率。因此，须重视管理文化在提升高校人力资源管理效率中的重要作用，根据自身实际情况来建立管理文化，将管理制度和管理文化有机结合在一起，提升管理的人性化程度。首先，须加大宣传力度和培训力度，针对高校中人才来源较广，专业背景不同，价值观不同等特点，大力整合文化，加大岗前培训力度，宣传人力资源管理文化，提升教职工文化认同感，提升教职工凝聚力。其次，形成公平竞争氛围，加大岗位管理力度，实行竞争竞聘上岗，最大限度激发教职工的工作动力，促使其不断完善自我，提升自身专业水平和道德素养。打破传统高校在晋升时只看资历，不关注综合素养的局限性，提升岗位分配和竞争的公平性，有助于高校人才积极投身到完善自我的过程中，全面提升自身综合素养。最后，构建和谐人际关系。在高校开展人力资源管理时，须重视人际关系的重要性，促进团队合作，科学配置人力资源，形成良性机制，形成工作合力，最大限度提升人力资源管理效率，促进高校长远发展。

知识经济逐渐占据我国经济制度的重要地位，人才的重要性不言而喻，人力资源管理的创新需求也在不断提升。作为人才聚集地的高校，更应重视人力资源管理的重要性，积极创新管理模式和管理思想，提升人力资源管理效率，最大限度发挥人才的重要作用，促进高校综合实力不断提升。

第五章 知识经济时代下的事业单位人力资源管理研究

第一节 事业单位及其人力资源管理理论透视

一、事业单位的认知

事业单位一般要接受国家行政机关的领导,要有其组织或机构的表现形式,要成为法人实体。从目前情况来看,事业单位绝大部分由国家出资建立,大多为行政单位的下属机构,也有一部分由民间建立,或由企业集团建立。事业单位有以下特征:一是不以营利为目的;二是财政及其他单位拨入的资金主要不以经济利益的获取为回报。

我国的事业单位在功能上对应国外的是非营利组织(NPO)、非政府组织(NGO)。国外的这些组织是社会自治组织,而在我国,事业单位和政府的关系比较密切。

事业单位是我国经济社会中提供公益服务、增进社会福利的主要社会组织。事业单位是我国所特有的一种概念,是对非政府机关、企业组织、群众团体的社会公共服务型事业组织等一系列非营利性且以公益服务为目的的组织和机构的总称,事业单位在改善社会生产条件,增进社会福利,满足广大人民群众的物质文化生活需要等诸多方面一直以来始终发挥着重要的作用,是我国社会主义社会不可替代的组成部分之一。

(一)事业单位的性质与宗旨

第一,事业单位的性质。事业单位是相对于企业单位而言的。它们不以营利为目的,是国家机构的分支。

第二,事业单位的宗旨。事业单位是以公益服务为主要宗旨的一些公益性单位、非公益性职能部门等。它参与社会事务管理,履行管理和服务职能,宗旨是为社会服务,主要从事教育、科技、文化、卫生等活动。

（二）事业单位的分类方式

"事业单位常用的分类方式是按照其财政体制划分，将事业单位划分为全额拨款事业单位、差额拨款事业单位和自收自支类事业单位"[①]。其中，全额拨款的事业单位所需的全部事业经费均由国家预算财政拨款负担，这类事业单位包括公立医院、学校等；差额拨款事业单位经费按差额比例由财政和单位共同承担，这类单位的工资通常由拨款和自筹两部分构成。

事业单位一般是国家设置的、带有一定公益性质的机构，但不属于政府机构。一般而言，国家会对这些事业单位予以财政补助，分为全额拨款事业单位、差额拨款事业单位；还有一种是自主事业单位，是国家不拨款的事业单位。

1. 全额拨款事业单位

全额拨款事业单位是指全额预算管理的事业单位，其所需的事业经费全部由国家预算拨款。

全额拨款事业单位的管理形式，一般适用于没有收入或收入不稳定的事业单位，如学校、科研单位、卫生防疫、工商管理等事业单位，即人员费用、公用费用都要由国家财政提供。采用这种管理形式，有利于国家对事业单位的收入进行全面的管理和监督，同时，也使事业单位的经费得到充分的保证。

2. 差额拨款事业单位

按差额比例拨款，由财政承担部分经费并列入预算；单位承担其余部分，由单位在税前列支，如医院等。

差额拨款单位的人员费用由国家财政拨款，其他费用自筹。按照国家有关规定，差额拨款单位要根据经费自主程度，实行工资总额包干或其他符合自身特点的管理办法，促使其逐步减少国家财政拨款，向经费自收自支过渡。

3. 自主事业单位

自主事业单位是国家不拨款的事业单位。自收自支事业单位作为事业单位的一种主要形式，不需要地方财政直接拨款。

目前，我国正在进行事业单位的分类改革，即按照社会功能将现有事业单位划分为承担行政职能、从事生产经营活动和从事公益服务三类。对完全行使行政职能的事

---

① 王昭. 深化改革背景下后勤服务类事业单位人力资源管理研究 [D]. 济南：山东建筑大学，2019：12.

业单位，改革方向是结合深化行政体制改革和政府机构改革的背景，根据具体情况，进行相应调整，具备条件的转为行政机构；对承担部分行政职能的事业单位，将其行政职能和公益服务职能与有关单位的职能和机构进行整合。对从事生产经营活动的事业单位，已经实现或经过相应调整后可以实现由市场配置资源的，改革方向是逐步转为企业，依法进行企业注册，并注销事业单位，注销事业编制。对从事公益服务的，根据职责任务、服务对象和资源配置等方面的不同情况，初步分为公益一类、公益二类两类。承担义务教育、基础性科研、公共文化、公共卫生及基层基本医疗服务等基本公益服务，不能或不宜由市场配置资源的，划入公益一类，即纯公益类的事业单位，由政府出资保障，不再允许其存在经营活动。承担职业教育、高等教育、非营利性医疗等公益服务的事业单位，可部分由市场配置资源的，划入公益二类，即属于准公益类的事业单位，允许其部分由市场配置资源，但不允许其进行以营利为目的的生产经营活动。

事业单位的范围涵盖较广，从行业分布来看，可以分为以下 24 类：①科学研究事业单位；②教育事业单位；③文化事业单位；④勘察设计事业单位；⑤新闻出版事业单位；⑥广播影视事业单位；⑦卫生事业单位；⑧体育事业单位；⑨农、林、牧、水事业单位；⑩交通事业单位；⑪气象事业单位；⑫地震事业单位；⑬海洋事业单位；⑭环保事业单位；⑮测绘事业单位；⑯信息咨询事业单位；⑰质量监督事业单位；⑱知识产权事业单位；⑲物质仓储事业单位；⑳城市公用事业单位；㉑社会福利事业单位；㉒经济监督事业单位；㉓机关后勤事业单位；㉔公证服务等其他事业单位。

（三）事业单位的特征分析

1. 事业单位的基本特征

（1）依法设立。事业单位的设立，应区分不同情况由法定审批机关批准、依法登记，或者依照法律规定直接进行法人登记。

（2）从事公益服务。事业单位从事的是教育、科技、文化、卫生等涉及人民群众公共利益的服务活动，一般不履行行政管理职能。

（3）不以营利为目的。事业单位一般不从事生产经营活动，经费来源有的需要财政完全保证，有的可通过从事一些经批准的服务活动取得部分收入，但取得的收入只能用于事业单位的再发展，不得用于管理层和职员分红等。

（4）社会组织。事业单位是组织机构而不是个人，要有自己的名称、组织机构和场所，有与其业务活动相适应的从业人员和经费来源，能够独立承担民事责任。

2. 事业单位的功能特征

（1）服务性。服务性是事业单位最基本、最鲜明的特征。事业单位主要分布在教、科、文、卫等领域，是保障国家政治、经济、文化生活正常进行的社会服务支持系统。

（2）公益性。公益性是由事业单位的社会功能和市场经济体制的要求决定的。在一些领域，某些产品或服务，如教育、卫生、基础研究、市政管理等，不能或无法由市场来提供，要由政府组织、管理或者委托社会公共服务机构从事社会公共产品的生产，以满足社会发展和公众的需求。

（3）知识密集性。绝大多数事业单位是以脑力劳动为主体的知识密集性组织，专业人才是事业单位的主要构成人员。利用科技文化知识为社会各方面提供服务是事业单位的主要手段。

（四）事业单位的资金来源

事业单位的资金来源大致有三种：政府出资；事业收入；民间集资创办、国家予以补贴。我国事业单位大多数由国家出资创办，并受国家行政机关的监督和管理。在我国行政编制中，事业单位的经费与人员工资由国家财政预算的事业费开支。

（五）事业单位资产的分析

"资产是指行政单位占有或者使用的，能以货币计量的经济资源"[①]。

1. 事业单位资产的特征

事业单位的资产具有以下特征：

（1）资产的所有权归属于国家，占有权或者使用权属于事业单位。事业单位必须拥有经济资源法律上的占用权或者使用权，才能将其确认为资产。

（2）资产是事业单位的一项经济资源，预期能为事业单位带来经济利益或者服务潜力，资产是事业单位开展业务活动的物质基础，可以为事业单位正常运行和完成日常工作任务、特定任务提供或创造条件。

（3）事业单位不得擅自出租、出借资产，如须出租、出借资产的，应当按照国家有关规定经主管部门审核同意后，报同级财政部门审批。

（4）事业单位的资产应当按照国家有关规定实行共享、共用。

2. 事业单位资产的内容

事业单位的资产按照流动性，分为流动资产和非流动资产，流动资产是指预计在 1 年内（含 1 年）变现或者耗用的资产。流动资产包括货币资金、短期投资、应收及预付

---

① 崔运政．行政事业单位会计理论与实务 [M]．上海：立信会计出版社，2015：78．

款项、存货等。非流动资产是指流动资产以外的资产。非流动资产包括长期投资、在建工程、固定资产、无形资产等。

事业单位的资产具体科目为：① 1001，库存现金；② 1002，银行存款；③ 1011，零余额账户用款额度；④ 1101，短期投资；⑤ 1201，财政应返还额度；⑥ 1211，应收票据；⑦ 1212，应收账款；⑧ 1213，预付账款；⑨ 1215，其他应收款；⑩ 1301，存货；⑪ 1401，长期投资；⑫ 1501，固定资产；⑬ 1502，累计折旧；⑭ 1511，在建工程；⑮ 1601，无形资产；⑯ 1602，累计摊销；⑰ 1701，待处置资产损益。

3. 事业单位资产的确认

事业单位对符合资产定义的经济资源，应当在取得对其相关的权利并且能够可靠地进行货币计量时确认。符合资产定义并确认的资产项目，应当列入资产负债表。

在符合资产定义的前提下，资产的确认应当同时满足两个条件：第一，资产应当在取得对其相关的权利时确认，相关权利包括占用权、使用权等，此时与该经济资源有关的经济利益或者服务潜力很可能流入事业单位；第二，资产应当在能够可靠计量时确认，可计量性是会计要素确认的重要前提，相关经济资源的成本或者价值能够可靠计量时才能确认为资产。

4. 事业单位资产的计量

事业单位资产的计量包括初始计量、后续计量及处置。

（1）事业单位资产的初始计量。事业单位的资产应当按照取得时的实际成本进行计量。除国家另有规定外，事业单位不得自行调整其账面价值。应收及预付款项应当按照实际发生额进行计量。

资产取得时的实际成本的确定，应当区分支付对价和未支付对价两种情况。

第一，以支付对价方式取得的资产，应当按照取得资产时支付的现金或者现金等价物的金额，或者按照取得资产时所付出的非货币性资产的评估价值等金额计量。

第二，取得资产时未支付对价的，其计量金额应当按照有关凭据注明的金额加上相关税费、运输费等确定；没有相关凭据的，其计量金额比照同类或类似资产的市场价格加上相关税费、运输费等确定；没有相关凭据、同类或类似资产的市场价格也无法可靠取得的，所取得的资产应当按照名义金额（人民币1元）入账。

（2）资产的后续计量及处置。事业单位不需要对各项资产进行减值测试计提减值准备，后续计量主要是指对固定资产的折旧和无形资产的摊销。事业单位应当按照《事业单位财务规则》或相关财务制度的规定确定是否对固定资产计提折旧、对无形资产进行摊销。逾期三年或以上、有确凿证据表明确实无法收回的应收账款、预付账款、其他应收款的账面余额，按规定报经批准后予以核销。处置固定资产、无形资产时，需要将其账面价值转入待处置资产损益。

5. 事业单位资产的核算

（1）事业单位流动资产的核算。事业单位的流动资产是指预计在 1 年内（含 1 年）变现或者耗用的资产。包括库存现金、银行存款、零余额账户用款额度、短期投资、财政应返还额度、应收票据、应收账款、预付账款、其他应收款、存货。

第一，库存现金。库存现金，是指事业单位存放在其财务部门的可随时用于支用的现金（见表 5-1）。

表 5-1 库存现金

类别	内容
科目设置	事业单位设置"库存现金"科目，核算事业单位的库存现金的收付及结存情况。本科目期末借方余额，反映事业单位实际持有的库存现金。
库存现金的管理要求	按照《现金管理暂行条例》及其实施细则的规定，事业单位现金的管理应遵循以下要求： （1）按规定范围使用现金。事业单位可以在下列范围内使用现金：职工工资、津贴；个人劳务报酬；根据国家规定颁发给个人的科学技术、文化艺术、体育等各种奖金；各种劳保、福利费用以及国家规定的对个人的其他支出；向个人收购农副产品和其他物资的价款；出差人员必须随身携带的差旅费；结算起点以下的零星支出（结算起点为 1000 元）；中国人民银行确定需要支付现金的其他支出。除上述业务可以用现金支付外，其他款项的支付应通过开户银行办理转账结算。 （2）严格库存现金限额的管理。库存现金的限额是指为了保证单位日常零星开支的需要，允许单位留存现金的最高数额。开户银行应当根据实际需要，核定开户单位 3 天至 5 天的日常零星开支所需的库存现金限额。边远地区和交通不便地区的开户单位的库存现金限额，可以多于 5 天，但不得超过 15 天的日常零星开支。经核定的库存现金限额，开户单位必须严格遵守。需要增加或者减少库存现金限额的，应当向开户银行提出申请，由开户银行核定。 （3）收支分开，不准坐支现金。事业单位现金收入应当于当日送存开户银行，当日送存确有困难的，由开户银行确定送存时间。单位支付现金，可以从本单位库存现金限额中支付或者从开户银行提取，不得从本单位的现金收入中直接支付（即坐支）。因特殊情况需要坐支现金的，应当事先报经开户银行审查批准，由开户银行核定坐支范围和限额。坐支单位应当定期向开户银行报送坐支金额和使用情况。未经银行批准，单位不得擅自坐支现金。 （4）加强现金收支的日常管理。加强现金收支的日常管理要做到三个方面：一是实行钱账分管。二是设置"现金日记账"，由出纳人员根据收付款凭证，按照业务发生顺序逐笔登记。事业单位如果有外币现金的，应当分别按人民币、各种外币设置"现金日记账"进行明细核算。每日终了，应当计算当日的现金收入合计数、现金支出合计数和结余数，并将结余数与实际库存数核对，做到账款相符。现金收入业务较多、单独设有收款部门的事业单位，收款部门的收款员应当将每天所收现金连同收款凭据等一并交财务部门核收记账；或者将每天所收现金直接送存开户银行后，将收款凭据及向银行送存现金的凭证等一并交财务部门核收记账。三是任何现金收付业务的办理，必须以合法的原始凭证为依据。

续表

类别	内容
账务处理	(1) 存取现金。从银行等金融机构提取现金，按照实际提取的金额，借记"库存现金"科目，贷记"银行存款"等科目；将现金存入银行等金融机构，按照实际存入的金额，借记"银行存款"等科目，贷记"库存现金"科目。 (2) 借出现金。内部职工出差等原因借出的现金，按照实际借出的现金金额，借记"其他应收款"科目，贷记"库存现金"科目；出差人员报销差旅费时，按照应报销的金额，借记有关科目，按照实际借出的现金金额，贷记"其他应收款"科目，按其差，借记或贷记"库存现金"科目。 (3) 现金收支。因开展业务等其他事项收到现金，按照实际收到的金额，借记"库存现金"科目，贷记有关科目；因购买服务或商品等其他事项支出现金，按照实际支出的金额，借记有关科目，贷记"库存现金"科目。 (4) 外币收支。事业单位发生外币业务的，应当按照业务发生当日或当期期初的即期汇率，将外币金额折算为人民币金额记账，并登记外币金额和汇率。期末，各种外币账户的期末余额，应当按照期末的即期汇率折算为人民币，作为外币账户期末人民币余额。调整后的各种外币账户人民币余额与原账面余额的差额，作为汇兑损益计入当期支出。 (5) 现金盘点。每日账款核对中发现现金溢余或短缺的，应当及时进行处理。如发现现金溢余，属于应支付给有关人员或单位的部分，借记"库存现金"科目，贷记"其他应付款"科目；属于无法表明原因的部分，借记"库存现金"科目，贷记"其他收入"科目。如发现现金短缺，属于应由责任人赔偿的部分，借记"其他应收款"科目，贷记"库存现金"科目；属于无法查明原因的部分，报经批准后，借记"其他支出"科目，贷记"库存现金"科目。

第二，银行存款。银行存款，是指事业单位存入银行和其他金融机构的各种存款（见表5-2）。

第三，零余额账户用款额度。单位零余额账户，是指由同级财政部门为其在商业银行开设的用于本单位财政授权支付的账户。通过该账户，事业单位可以办理转账、汇兑、委托收款和提取现金等支付结算业务，但单位的非财政性资金不得进入。单位零余额账户是一个过渡账户，而不是实存账户。

零余额账户用款额度是指实行国库集中支付的事业单位根据财政部门批复的用款计划收到和支用的财政授权支付额度，具有与银行存款相同的支付结算功能。国库集中收付制度下，事业单位经财政部门审批，在国库集中支付代理银行开设单位零余额账户，用于财政授权支付的结算。财政部门根据预算安排和资金使用计划，定期向事业单位的单位零余额账户下达财政授权支付额度。在此额度内，事业单位可按审批的分月用款计划开具支付令，通知代理银行办理财政授权支付额度的日常支付。

表 5-2　银行存款

类别	内容
科目设置	事业单位设置"银行存款"科目，核算事业单位银行存款的收付及结存情况。本科目期末借方余额，反映事业单位实际存放在银行或其他金融机构的款项。
银行存款的管理要求	事业单位银行存款应遵循以下管理要求： （1）按照规定开设银行账户。事业单位应当由财务部门统一开设和管理银行存款账户。事业单位开设银行存款账户的，应当报主管预算单位和同级财政部门审批，在其指定的银行开户，禁止多头开户。事业单位的银行存款账户，一般包括基本存款账户、专用存款账户和一般存款账户。 （2）严格管理银行账户。事业单位必须按照同级财政部门和中国人民银行规定的用途使用银行账户。不得将预算收入汇缴专用存款账户资金和财政拨款转为定期存款，不得以个人名义存放单位资金，不得出租、转让银行账户，不得为个人或其他单位提供信用。 （3）按规定和实际需要选择转账结算方式。事业单位除了可以使用现金进行支付外，其他资金支付必须通过银行进行转账。事业单位通常使用的转账方式包括支票、银行本票、银行汇票、商业汇票、汇兑、委托收款、异地托收承付、公务卡等。 （4）设置"银行存款日记账"。事业单位应当按开户银行或其他金融机构、存款种类及币种等，分别设置"银行存款日记账"，由出纳人员根据收付款凭证，按照业务的发生顺序逐笔登记，每日终了应结出余额。事业单位发生外币存款的，应当分别按照人民币、各种外币设置"银行存款日记账"进行明细核算，"银行存款日记账"应定期与"银行对账单"核对，至少每月核对一次。月度终了，事业单位银行存款账面余额与银行对账单余额之间如有差额，必须逐笔查明原因并进行处理，按月编制"银行存款余额调节表"，调节相符。
账务处理	（1）款项的存入。将款项存入银行或其他金融机构，借记"银行存款"科目，贷记"库存现金""事业收入""经营收入"等有关科目。 （2）款项的提取和支出。提取和支出存款时，借记有关科目，贷记"银行存款"科目。 （3）外币业务。事业单位发生外币业务的，应当按照业务发生当日（或当期期初，下同）的即期汇率，将外币金额折算为人民币记账，并登记外币金额和汇率。期末，各种外币账户的外币余额应当按照期末的即期汇率折算为人民币，作为外币账户期末人民币余额。调整后的各种外币账户人民币余额与原账面人民币余额的差额，作为汇兑损益计入相关支出。 第一，以外币购买物资、劳务等，按照购入当日的即期汇率将支付的外币或应支付的外币折算为人民币金额，借记有关科目，贷记"银行存款""应付账款"等科目的外币账户。 第二，以外币收取相关款项等，按照收取款项或收入确认当日的即期汇率将收取的外币或应收取的外币折算为人民币金额，借记"银行存款""应收账款"等科目的外币账户，贷记有关科目。 第三，期末，根据各外币账户按期末汇率调整后的人民币余额与原账面人民币余额的差额，作为汇兑损益，借记或贷记"银行存款""应收账款""应付账款"等科目，贷记或借记"事业支出""经营支出"等科目。

零余额账户用款额度在年度内可累加使用。代理银行在用款额度累计余额内，根据事业单位支付指令，及时、准确地办理资金支付等业务，并在规定的时间内与国库单一账户清算（见表 5-3）。

表 5-3 零余额账户用款额度

类别	内容
科目设置	事业单位设置"零余额账户用款额度"科目，核算实行国库集中支付的事业单位根据财政部门批复的用款计划收到和支用的财政授权支付额度。本科目期末借方余额，反映事业单位尚未支用的零余额账户用款额度。年终注销处理后，本科目年末应无余额。
账务处理	（1）下达授权支付额度。在财政授权支付方式下，事业单位收到代理银行盖章的"财政授权支付到账通知书"时，根据通知书所列数额，借记"零余额账户用款额度"科目，贷记"财政补助收入"科目。 （2）使用财政授权支付额度。按规定支用额度时，借记有关科目，贷记"零余额账户用款额度"科目。从零余额账户提取现金时，借记"库存现金"科目，贷记"零余额账户用款额度"科目。 （3）财政授权支付额度退回。因购货退回等发生国库授权支付额度退回的，属于以前年度支付的款项，按照退回金额，借记"零余额账户用款额度"科目，贷记"财政补助结转""财政补助结余""存货"等有关科目；属于本年度支付的款项，按照退回金额，借记"零余额账户用款额度"科目，贷记"事业支出""存货"等有关科目。 （4）财政授权支付额度的年终结算事项。年度终了，依据代理银行提供的对账单作注销额度的相关账务处理，借记"财政应返还额度——财政授权支付"科目，贷记"零余额账户用款额度"科目，事业单位本年度财政授权支付预算指标数大于零余额账户用款额度下达数的，根据未下达的用款额度，借记"财政应返还额度——财政授权支付"科目，贷记"财政补助收入"科目。 下年初，事业单位依据代理银行提供的额度恢复到账通知书作恢复额度的相关账务处理，借记"零余额账户用款额度"科目，贷记"财政应返还额度——财政授权支付"科目。事业单位收到财政部门批复的上年末未下达零余额账户用款额度的，借记"零余额账户用款额度"科目，贷记"财政应返还额度——财政授权支付"科目。

第四，短期投资。短期投资，是指事业单位依法取得的，持有时间不超过1年（含1年）的投资，主要是国债投资（见表5-4）。

表 5-4 短期投资

类别	内容
科目设置	事业单位应当严格遵守国家法律、行政法规以及财政部门、主管部门关于对外投资的有关规定，事业单位按规定可以利用货币资金购入国家发行的公债。事业单位的短期投资主要是国债投资。事业单位设置"短期投资"科目，核算事业单位依法取得的短期国债投资。本科目应当按照国债投资的种类等进行明细核算。本科目期末借方余额，反映事业单位持有的短期投资成本。
账务处理	（1）取得短期投资。短期投资在取得时，应当按照其实际成本（包括购买价款以及税金、手续费等相关税费）作为投资成本，借记"短期投资"科目，贷记"银行存款"等科目。 （2）持有期间的利息。短期投资持有期间收到利息时，按实际收到的金额，借记"银行存款"科目，贷记"其他收入——投资收益"科目。 （3）出售或到期收回。出售短期投资或到期收回短期国债本息，按照实际收到的金额，借记"银行存款"科目，按照出售或收回短期国债的成本，贷记"短期投资"科目，按其差额，贷记或借记"其他收入——投资收益"科目。

第五,财政应返还额度。财政应返还额度,是指实行国库集中支付的事业单位应收财政返还的资金额度,即事业单位年终注销的、需要在次年恢复的年度未实现的用款额度。实行国库集中收付制度后,事业单位的财政经费由财政部门通过国库单一账户体系支付。事业单位的年度预算指标包括财政直接支付额度和财政授权支付额度。

在财政直接支付方式下,事业单位在财政直接支付额度内根据批准的分月用款计划,提出支付申请,财政部门审核后签发支付令,通过财政零余额账户实现日常支付。

在财政授权支付方式下,由财政部门先对单位零余额账户下达本月授权支付的用款额度,事业单位在该额度内可自行签发支付令,通过单位零余额账户实现日常支付与取现需求。

年度终了,事业单位需要对本年度未实现的用款额度进行注销,形成财政应返还额度,以待次年初予以恢复。

事业单位的财政应返还额度包括财政应返还直接支付额度和财政应返还授权支付额度。

财政应返还直接支付额度是指被注销的未使用直接支付的额度,即财政直接支付额度本年预算指标数与当年财政直接支付额度实际支出数的差额。

财政应返还授权支付额度是指被注销的财政授权支付未下达和未使用的额度。即财政授权支付额度本年预算指标数与当年事业单位授权支付实际支出数的差额,包括两个部分:①未下达的授权支付额度,是指当年预算已经安排,但财政部门当年没有下达到事业单位零余额账户的授权支付额度,即授权支付额度的本年预算指标数与当年下达数之间的差额;②未使用的授权支付额度,是指财政部门已经将授权支付额度下达到事业单位的单位零余额账户,但事业单位当年尚未使用的额度,即授权支付额度的本年下达数与当年实际使用数之间的差额(见表5-5)。

表5-5 财政应返还额度

类别	内容
科目设置	事业单位设置"财政应返还额度"科目,核算实行国库集中支付的事业单位应收财政返还的资金额度。本科目应当设置"财政直接支付""财政授权支付"两个明细科目,进行明细核算。本科目期末借方余额,反映事业单位应收财政返还的资金额度。
账务处理	(1)财政直接支付方式下。年度终了,事业单位根据本年度财政直接支付预算指标数与当年财政直接支付实际支出数的差额,借记"财政应返还额度——财政直接支付"科目,贷记"财政补助收入"科目。下年初,收到恢复财政直接支付额度通知书时无须做会计分录,不冲销"财政应返还额度——财政直接支付"科目,只进行预算记录。事业单位使用已恢复的财政直接支付额度进行支付时,借记有关科目,贷记"财政应返还额度——财政直接支付"科目。

续表

类别	内容
账务处理	（2）财政授权支付方式下。年度终了，事业单位依据代理银行提供的对账单做注销未使用额度的相关账务处理，借记"财政应返还额度——财政授权支付"科目，贷记"零余额账户用款额度"科目。事业单位本年度财政授权支付预算指标数大于零余额账户用款额度下达数的，根据未下达的用款额度，借记"财政应返还额度——财政授权支付"科目，贷记"财政补助收入"科目。 下年初，事业单位依据代理银行提供的财政授权支付额度恢复到账通知书做恢复额度的相关账务处理，借记"零余额账户用款额度"科目，贷记"财政应返还额度——财政授权支付"科目。事业单位收到财政部门批复的上年末未下达零余额账户用款额度时，借记"零余额账户用款额度"科目，贷记"财政应返还额度——财政授权支付"科目。 事业单位使用已恢复的财政授权支付额度，应当根据支付的经济内容，借记相应的支出或资产类科目，贷记"零余额账户用款额度"科目。

第六，应收票据。应收票据，是事业单位因开展经营活动销售产品、提供有偿服务等而收到的商业汇票，包括商业承兑汇票和银行承兑汇票。首先，按照承兑人不同，商业汇票可分为商业承兑汇票和银行承兑汇票。商业承兑汇票是由收款人签发，经付款人承兑或由付款人签发并承兑的汇票。商业承兑汇票到期时，如付款人账户不足支付，银行则将商业承兑汇票退给收款人，由购销双方自行解决，银行不负责任。银行承兑汇票是由收款人或承兑申请人签发，并由承兑申请人向开户银行申请，经银行审查同意承兑的汇票。银行承兑汇票到期时，如购货单位未能将票据交存银行，则银行向收款人或贴现银行无条件支付票款。其次，按照是否计息，商业汇票可分为带息票据和不带息票据。带息票据是指注明票面利率和支付日期的票据。带息票据到期时，收款人根据票据面值和利息收取本息。不带息票据是指票据上无利息的票据。不带息票据到期时，收款人根据票据面值收取款项（见表5-6）。

表5-6 应收票据

类别	内容
科目设置	事业单位设置"应收票据"科目，核算事业单位因开展经营活动销售产品、提供有偿服务等而收到的商业汇票。本科目应当按照开出、承兑商业汇票的单位等进行明细核算。本科目期末借方余额，反映事业单位持有的商业汇票票面金额。 事业单位应当设置"应收票据备查簿"，逐笔登记每一应收票据的种类、号数、出票日期、到期日、票面金额、交易合同号和付款人、承兑人、背书人姓名或单位名称、背书转让日、贴现日期、贴现率和贴现净额、收款日期、收回金额和退票情况等资料。应收票据到期结清票款或退票后，应当在备查簿内逐笔注销。
账务处理	（1）收到票据。因销售产品、提供服务等收到商业汇票，按照商业汇票的票面金额，借记"应收票据"科目，按照确认的收入金额，贷记"经营收入"等科目，按照应缴增值税金额，贷记"应缴税费——应缴增值税"科目。

续表

类别	内容
账务处理	（2）兑付票据。商业汇票到期时，应当分别以下情况处理：第一，收回应收票据，按照实际收到的商业汇票票面金额，借记"银行存款"科目，贷记"应收票据"科目。第二，因付款人无力支付票款，收到银行退回的商业承兑汇票、委托收款凭证、未付票款通知书或拒付款证明等，按照商业汇票的票面金额，借记"应收账款"科目，贷记"应收票据"科目。 （3）贴现票据。持未到期的商业汇票向银行贴现，按照实际收到的金额（即扣除贴现息后的净额），借记"银行存款"科目，按照贴现息，借记"经营支出"等科目，按照商业汇票的票面金额，贷记"应收票据"科目。 （4）转让票据。将持有的商业汇票背书转让以取得所需物资时，按照取得物资的成本，借记有关科目，按照商业汇票的票面金额，贷记"应收票据"科目，如有差额，借记或贷记"银行存款"等科目。

第七，应收账款。事业单位设置"应收账款"科目，核算事业单位因开展经营活动销售产品、提供有偿服务等而应收取的款项。本科目应当按照购货、接受劳务单位（或个人）进行明细核算。本科目期末借方余额，反映事业单位尚未收回的应收账款（见表5-7）。

表 5-7 应收账款

类别	内容
科目设置	事业单位设置"应收账款"科目，核算事业单位因开展经营活动销售产品、提供有偿服务等而应收取的款项。本科目应当按照购货、接受劳务单位（或个人）进行明细核算。本科目期末借方余额，反映事业单位尚未收回的应收账款
账务处理	（1）发生应收账款。发生应收账款时，按照应收未收金额，借记"应收账款"科目，按照确认的收入金额，贷记"经营收入"等科目，按照应缴增值税金额，贷记"应缴税费——应缴增值税"科目。 （2）收回应收账款。收回应收账款时，按照实际收到的金额，借记"银行存款"等科目，贷记"应收账款"科目。 （4）坏账核销。事业单位的应收账款无须计提坏账准备。对于逾期三年或以上、有确凿证据表明确实无法收回的应收账款，按规定报经批准后予以核销。核销的应收账款应在备查簿中保留登记。 第一，转入待处置资产时，按照待核销的应收账款金额，借记"待处置资产损益"科目，贷记"应收账款"科目。 第二，报经批准予以核销时，借记"其他支出"科目，贷记"待处置资产损益"科目。 第三，已核销应收账款在以后期间收回的，按照实际收回的金额，借记"银行存款"等科目，贷记"其他收入"科目。

第八，预付账款。预付账款，是事业单位按照购货、劳务合同的规定预付给供应单位的款项（见表5-8）。

表5-8 预付账款

类别	内容
科目设置	事业单位设置"预付账款"科目，核算事业单位按照购货、劳务合同规定预付给供应单位的款项。本科目应当按照供应单位（或个人）进行明细核算。事业单位应当通过明细核算或辅助登记方式，登记预付账款的资金性质（区分财政补助资金、非财政专项资金和其他资金）。本科目期末借方余额，反映事业单位实际预付但尚未结算的款项。
账务处理	（1）发生预付账款。发生预付账款时，按照实际预付的金额，借记"预付账款"科目，贷记"零余额账户用款额度""财政补助收入""银行存款"等科目。 （2）收到物资或劳务。收到所购物资或劳务，按照购入物资或劳务的成本，借记有关科目，按照相应预付账款金额，贷记"预付账款"科目，按照补付的款项，贷记"零余额账户用款额度""财政补助收入""银行存款"等科目。收到所购固定资产、无形资产的，按照确定的资产成本，借记"固定资产""无形资产"科目，贷记"非流动资产基金——固定资产、无形资产"科目；同时，按资产购置支出，借记"事业支出""经营支出"等科目，按照相应预付账款金额，贷记"预付账款"科目，按照补付的款项，贷记"零余额账户用款额度""财政补助收入""银行存款"等科目。

第九，其他应收款。其他应收款，是事业单位除财政应返还额度、应收票据、应收账款、预付账款以外的其他各项应收及暂付款项（见表5-9）。

表5-9 其他应收款

类别	内容
科目设置	事业单位设置"其他应收款"科目，核算事业单位除财政应返还额度、应收票据、应收账款、预付账款以外的其他各项应收及暂付款项，如职工预借的差旅费、拨付给内部有关部门的备用金、应向职工收取的各种垫付款项等。本科目应当按照其他应收款的类别以及债务单位（或个人）进行明细核算。本科目期末借方余额，反映事业单位尚未收回的其他应收款。
账务处理	（1）发生其他应收款。发生其他各种应收及暂付款项时，借记"其他应收款"科目，贷记"银行存款""库存现金"等科目。 （2）收回或转销其他应收款。收回或转销其他各种应收及暂付款项时，借记"库存现金""银行存款"等科目，贷记"其他应收款"科目。 （3）发放备用金。事业单位内部实行备用金制度的，有关部门使用备用金以后应当及时到财务部门报销并补足备用金。财务部门核定并发放备用金时，借记"其他应收款"科目，贷记"库存现金"等科目。根据报销数用现金补足备用金定额时，借记有关科目，贷记"库存现金"等科目，报销数和拨补数都不再通过本科目核算。 （4）坏账核销。逾期三年或以上、有确凿证据表明确实无法收回的其他应收款，按规定报经批准后予以核销。核销的其他应收款应在备查簿中保留登记。①转入待处置资产时，按照待核销的其他应收款金额，借记"待处置资产损益"科目，贷记"其他应收款"科目；②报经批准予以核销时，借记"其他支出"科目，贷记"待处置资产损益"科目；③已核销其他应收款在以后期间收回的，按照实际收回的金额，借记"银行存款"等科目，贷记"其他收入"科目。

第十，存货。存货，是指事业单位在开展业务活动及其他活动中为耗用而储存的资

产，包括各种材料、燃料、包装物、低值易耗品以及达不到固定资产标准的用具、装具、动植物等。事业单位为开展业务活动及其他活动会耗用一定的材料用品，这些材料用品购入时，需要进入仓库管理，以后再领用。事业单位应当建立健全存货的内部管理制度，对存货进行定期或者不定期的清查盘点，保证账实相符（见表5-10）。

表 5-10 存货

类别	内容
科目设置	事业单位设置"存货"科目，核算事业单位在开展业务活动及其他活动中为耗用而储存的各种材料、燃料、包装物、低值易耗品及达不到固定资产标准的用具、装具、动植物等的实际成本。事业单位随买随用的零星办公用品，可以在购进时直接列作支出，不通过本科目核算。本科目应当按照存货的种类、规格、保管地点等进行明细核算。事业单位应当通过明细核算或辅助登记方式，登记取得存货成本的资金来源（区分财政补助资金、非财政专项资金和其他资金），发生自行加工存货业务的事业单位，应当在本科目下设置"生产成本"明细科目，归集核算自行加工存货所发生的实际成本（包括耗用的直接材料费用、发生的直接人工费用和分配的间接费用）。本科目期末借方余额，反映事业单位存货的实际成本。
账务处理	（1）存货的取得。事业单位存货的取得方式，包括购入、自行加工、接受捐赠、无偿调入等。事业单位取得存货的资金来源，可能是财政性资金，也可能是非财政性资金。如果事业单位用财政性资金采购存货，需要纳入政府采购的规范，并设置"存货明细账（或备查账）"登记存货的资金来源。存货在取得时，应当按照其实际成本入账。 第一，购入存货。购入的存货，其实际成本包括购买价款、相关税费、运输费、装卸费、保险费以及其他使得存货达到目前场所和状态所发生的其他支出。购入存货所负担的增值税进项税额是否计入存货入账价值，首先取决于作为购货方的事业单位是一般纳税人还是小规模纳税人，其次取决于购进的存货是自用还是非自用。 事业单位属于小规模纳税人的，其购入的存货无论是自用还是非自用，验收入库时，都应当按照实际支付的含税价格，借记"存货"科目，贷记"银行存款""应付账款""财政补助收入""零余额账户用款额度"等科目。 事业单位属于一般纳税人的，其购入的自用存货验收入库时，应当按照实际支付的含税价格，借记"存货"科目，贷记"银行存款""应付账款""财政补助收入""零余额账户用款额度"等科目；其购入的非自用存货（如用于生产对外销售的产品）验收入库时，应当按照实际支付的不含税价格，借记"存货"科目，按增值税专用发票上注明的增值税额，借记"应缴税费——应缴增值税（进项税额）"科目，按实际支付或应付的金额，贷记"银行存款""应付账款"等科目。 第二，自行加工的存货。事业单位自行加工的存货，其成本包括耗用的直接材料费用、发生的直接人工费用和按照一定方法分配的与存货加工有关的间接费用。自行加工的存货在加工过程中发生各种费用时，借记"存货——生产成本"科目，贷记"存货——领用材料相关的明细"科目、"应付职工薪酬""银行存款"等科目。加工完成的存货验收入库，按照所发生的实际成本，借记"存货——加工完成的存货相关的明细"科目，贷记"存货——生产成本"科目。 第三，接受捐赠、无偿调入的存货。接受捐赠、无偿调入的存货，其成本按照有关凭据注明的金额加上相关税费、运输费等确定；没有相关凭据的，其成本比照同类或类似存货的市场价格加上相关税费、运输费等确定；没有相关凭据、同类或类似存货的市场价格也无法可靠取得的，该存货按照名义金额（即人民币1元，下同）入账。相关财务制度仅要求进行实物管理的除外。

续表

类别	内容
账务处理	接受捐赠、无偿调入的存货验收入库，按照确定的成本，借记"存货"科目，按照发生的相关税费、运输费等，贷记"银行存款"等科目，按照其差额，贷记"其他收入"科目。 　　按照名义金额入账的情况下，按照名义金额，借记"存货"科目，贷记"其他收入"科目；按照发生的相关税费、运输费等，借记"其他支出"科目，贷记"银行存款"等科目。 　　(2) 存货发出。存货在发出时，应当根据实际情况采用先进先出法、加权平均法或者个别计价法确定发出存货的实际成本。计价方法一经确定，不得随意变更。低值易耗品的成本于领用时一次摊销。 　　第一，开展业务活动等领用、发出存货，按领用、发出存货的实际成本，借记"事业支出""经营支出"等科目，贷记"存货"科目。 　　第三，对外捐赠、无偿调出存货，转入待处置资产时，按照存货的账面余额，借记"待处置资产损益"科目，贷记"存货"科目。属于增值税一般纳税人的事业单位对外捐赠、无偿调出购进的非自用材料，转入待处置资产时，按照存货的账面余额与相关增值税进项税额转出金额的合计金额，借记"待处置资产损益"科目，按存货的账面余额，贷记"存货"科目，按转出的增值税进项税额，贷记"应缴税费——应缴增值税（进项税额转出）"科目。实际捐出、调出存货时，按照"待处置资产损益"科目的相应余额，借记"其他支出"科目，贷记"待处置资产损益"科目。 　　(3) 存货的清查盘点。事业单位的存货应当定期进行清查盘点，每年至少盘点一次。对于发生的存货盘盈、盘亏或者报废、毁损，应当及时查明原因，按规定报经批准后进行账务处理。 　　第一，盘盈的存货，按照同类或类似存货的实际成本或市场价格确定入账价值；同类或类似存货的实际成本、市场价格均无法可靠取得的，按照名义金额入账。盘盈的存货，按照确定的入账价值，借记"存货"科目，贷记"其他收入"科目。 　　第二，盘亏或者毁损、报废的存货，转入待处置资产时，按照待处置存货的账面余额，借记"待处置资产损益"科目，贷记"存货"科目。属于增值税一般纳税人的事业单位购进的非自用材料发生盘亏或者毁损、报废的，转入待处置资产时，按照存货的账面余额与相关增值税进项税额转出金额的合计金额，借记"待处置资产损益"科目，按存货的账面余额，贷记"存货"科目，按转出的增值税进项税额，贷记"应缴税费——应缴增值税（进项税额转出）"科目。报经批准予以处置时，按照"待处置资产损益"科目的相应余额，借记"其他支出"科目，贷记"待处置资产损益"科目。 　　处置存货过程中所取得的收入、发生的费用，以及处置收入扣除相关处置费用后的净收入的账务处理，参见"待处置资产损益"科目

(2) 事业单位收入与支出的核算。

第一，事业单位收入核算。收入，是指事业单位为开展业务及其他活动依法取得的非偿还性资金。事业单位是社会公益性组织，在向社会提供服务时要有一定的收入作为保障，收入的来源渠道主要有财政提供的补助资金，事业单位本身的业务收费，还可能是社会捐赠等其他资金，收入是事业单位取得的、会导致本期净资产增加的经济利益或者服务潜力的总流入。

首先，事业单位收入的类型划分。事业单位核算收入的会计科目包括财政补助收入、上级补助收入、事业收入、经营收入、附属单位上缴收入和其他收入。事业单位的收入可以按照不同标准进行分类。

其次,事业单位收入的确认与计量。一般而言,事业单位依法取得的各项资金不需要在未来偿还,即可确认为收入。事业单位会计的收入定义中的"非偿还性资金",是在强调在取得时予以确认。根据《事业单位会计制度》的规定,事业单位的收入实行"双会计核算基础",一般以收付实现制为核算基础,特殊的经济业务或者事项采用权责发生制。在收付实现制基础下,收入应当在收到款项时予以确认,并按照实际收到的金额进行计量。此时,经济利益或服务潜力已经流入事业单位,并导致事业单位资产增加或负债减少。事业单位的补助收入、专业业务收入、其他业务收入一般要求按收付实现制基础确认。

在权责发生制基础下,收入应当在发生时予以确认,并按照实际发生的数额计量。此时,经济利益或服务潜力能够流入事业单位,并导致事业单位资产增加或负债减少。事业单位的经营业务收入要求按权责发生制基础确认,即提供服务或发出存货、同时收讫价款或者取得索取价款的凭据时予以确认,并按照实际收到的金额或者有关凭据注明的金额计量,事业单位经营收入以外的各项收入如果采用权责发生制基础确认,应当符合《事业单位会计制度》的规定。

(2)事业单位支出核算。支出是指事业单位为开展业务及其他活动所发生的资金耗费和损失。事业单位的支出是事业单位为保障机构正常运转和完成工作任务所发生的资金耗费和损失。

第一,事业单位支出的类型分类。事业单位的支出包括事业支出、对附属单位补助支出、上缴上级支出、经营支出和其他支出。事业单位的支出应当分类管理,按不同类型进行会计核算。

第二,事业单位支出的确认与计量。事业单位的支出可以表现为经济利益的流出或者服务潜力的总流出,导致本期净资产的减少。支出一般在经济利益或者服务潜力很可能流出从而导致事业单位资产减少或者负债增加,并且当经济利益或者服务潜力的流出额能够可靠计量时予以确认。

在收付实现制基础下,事业单位的支出应当在其实际支付时予以确认,并按照实际支出金额计量。此时,经济利益或者服务潜力已经流出事业单位,并且导致事业单位资产减少或者负债增加。事业单位的事业业务支出、其他活动支出一般按收付实现制基础确认在权责发生制基础下,事业单位的支出应当在其发生时予以确认,按照实际发生额进行计量。此时,经济利益或者服务潜力很可能流出事业单位,并且能够导致事业单位资产减少或者负债增加。事业单位的经营业务支出应当以权责发生制为确认基础，与经营收入相配比。事业单位的经营支出以外的各项支出如果采用权责发生制基础确认，应当符合会计制度的规定。

（3）事业单位负债的核算。"负债，是指事业单位所承担的能以货币计量，需要以资产或者劳务偿还的债务。事业单位的负债包括借入款项、应付款项暂存款项、应缴款项等"①。

第一，事业单位负债的特征。首先，负债要求能够以货币形式可靠计量，以资产或劳务偿还；其次，负债是由过去的经济业务或者会计事项形成的现时义务，履行该义务预期会导致事业单位经济利益或服务潜力的流出；最后，针对不同性质的负债应分类管理，及时清理并按照规定办理结算，保证各项负债在规定期限内归还。

第二，事业单位负债的内容。事业单位的负债按照流动性（偿还期限），可以分为流动负债和非流动负债。流动负债是指预计在1年内（含1年）偿还的负债。事业单位流动负债包括短期借款、应缴款项、应付及预收款项等。非流动负债是指流动负债以外的负债。事业单位的非流动负债包括长期借款和长期应付款。

事业单位的负债具体科目为：① 2001，短期借款；② 2101，应缴税费；③ 2102，应缴国库款；④ 2103，应缴财政专户款；⑤ 2201，应付职工薪酬；⑥ 2301，应付票据⑦ 2302，应付账款；⑧ 2303，预收账款；⑨ 2305，其他应付款；⑩ 2401，长期借款；⑪ 2402，长期应付款。

第三，事业单位负债的确认与计量。事业单位的负债包括从金融机构取得的借款以及在开展业务活动过程中发生的待结算债务款项。事业单位代行政府职能收取的纳入预算管理的款项以及按规定收取的纳入财政专户管理的款项，应当上缴国库或财政专户，在应缴未缴之前也形成一项负债，一般而言，负债只有在与该义务有关的经济利益或服务潜力很可能流出单位，且未来流出的经济利益或服务潜力的金额能够可靠地计量时才能予以确认。

事业单位的负债应当按照合同金额或实际发生额进行计量。事业单位有些负债的金额是根据相关合同确定的，如采购货物的应付账款等；有些负债是根据实际发生的金额确定的，如各种应缴款项等。

第四，事业单位流动负债核算。"流动资产是指可以在1年内变现或者耗用的资产，包括现金、银行存款、零余额账户用款额度、财政应返还额度、暂付款、库存材料等"②

---

① 张雪芬，倪丹悦. 行政事业单位会计 [M]. 苏州：苏州大学出版社，2018：71.
② 刘学华. 行政事业单位会计 [M]. 上海：立信会计出版社，2012：9.

（见表 5-11）。

表 5-11 事业单位流动负债核算

类别	内容
短期借款	借款是事业单位借入有偿使用的各种款项。短期借款，是指事业单位借入的期限在 1 年内（含 1 年）的各种借款。事业单位根据业务活动的需要，从银行或其他金融机构取得短期借款，以弥补事业经费的不足。短期借款是事业单位有偿使用的资金，需要按偿还借款并支付借款利息。根据《事业单位财务规则》的规定，事业单位应当建立健全财务风险控制机制，规范和加强借入款项管理，严格执行审批程序，不得违反规定举借债务
应缴税费	应缴税费，是事业单位在业务活动中按规定应缴纳的各种税费，包括营业税、增值税、城市维护建设税、教育费附加、车船税、房产税、城镇土地使用税、企业所得税等。事业单位作为一类社会组织，应当按照税法的规定履行纳税义务。但事业单位作为公益性社会组织，享受较多的免税、减税等优惠政策
应缴国库款	应缴国库款，是指事业单位在业务活动中按规定取得的应缴入国库的款项（应缴税费险外），主要包括纳入预算管理的政府性基金、行政事业性收费、罚没收入、国有资产处置净收入、出租收入等
应缴财政专户款	应缴财政专户款，是指事业单位按规定取得的应缴入财政专户的款项。应缴入财政专户的款项主要是事业单位按规定收取的尚未纳入预算管理但实行财政专户管理的教育收费。事业单位取得的纳入财政专户管理的资金，由财政部门建立的财政专户统一管理，实行"收支两条线"管理方式。收到各项收费后，必须上缴财政专户统一管理；使用这些资金时，向财政部门申请，经过审批后通过财政专户返还给事业单位
应付职工薪酬	应付职工薪酬，是事业单位按有关规定应付给职工及为职工支付的各种薪酬，包括基本工资、绩效工资、国家统一规定的津贴补贴、社会保险费、住房公积金等
应付票据	应付票据，是事业单位因购买材料、物资等而开出、承兑的商业汇票，包括银行承兑汇票和商业承兑汇票，按是否带息，可以分为带息商业汇票和不带息商业汇票。事业单位在开展经营业务活动或其他业务活动时，可以开出商业汇票与货物供应商、劳务提供单位进行结算
应付账款	应付账款，是事业单位因购买材料、物资或接受劳务供应等而应付给供应单位的款项。事业单位在业务活动中，可以先取得材料或享有服务，延迟一段时间后再付款
预收账款	预收账款，是指事业单位按照合同规定向购货单位预收的款项

（4）事业单位净资产的核算。

第一，事业单位净资产的内容。净资产，是指事业单位资产扣除负债后的余额，体现事业单位实际占有或使用的资产净值。国家拥有事业单位净资产的所有权，事业单位实际占有或使用净资产，事业单位处置各项净资产应当符合国家有关规定，要报经财政部门、上级主管单位的批准。事业单位可以按规定使用净资产，用于未来的事业发展或特定的使用方向。事业单位的净资产包括基金类净资产和结转结余类净资产两大类。

一是基金类净资产。基金，是指一组具有专门的来源及规定用途的财务资源。基金需要设立才能存在，如果要求保证某项活动的资金需要，可以采用设立基金的方法，这样既可以充分地组织资金来源，又能够限定资金的使用。

事业单位的基金，是指事业单位按规定设置的有专门用途的净资产，主要包括事业基金、非流动资产基金和专用基金。按照是否存在使用限制，事业单位的基金可分为限定性基金和非限定性基金两种。非限定性基金没有限定的用途，不限制基金的使用时间或使用方向；限定性基金只能在规定的时间内使用，或是限定用于规定的使用方向。其中，事业基金属于非限定性基金；非流动资产基金和专用基金属于限定性基金。

二是结转结余类净资产。事业单位用于核算结转结余类净资产的会计科目包括财政补助结转、财政补助结余、非财政补助结转、事业结余、经营结余和非财政补助结余分配。

结转结余，是指事业单位一定期间收入与支出相抵后的余额。事业单位在各项业务活动中会取得一定的收入，发生一定的支出，根据预算管理的要求，需要以预算收入的数额控制预算支出，达到一定期间的收支平衡。但收入与支出之间的平衡是相对的，事业单位的收入与支出会存在一定的差额，形成事业单位的结转结余。

按照后续使用要求不同，结转结余资金可分为结转资金和结余资金两大类。结转资金是指当年预算已执行但未完成，或者因故未执行，下一年度需要按照原用途继续使用的资金。结余资金是指当年预算工作目标已完成，或因故终止，当年剩余的资金。

事业单位的结转结余，按照资金性质或者资金来源的不同，可分为财政补助结转结余和非财政补助结转结余。

第二，事业单位净资产的确认与计量。净资产是事业单位某一时点的资产净额，净资产的确认依赖于资产、负债两个会计要素的确认。事业单位一般在会计期末进行收入、支出的结转，提取有关基金，确认本期所增加（或减少）的净资产。

事业单位期末净资产金额取决于资产和负债的计量结果，当含有经济利益或服务潜力的经济资源流入事业单位，使得事业单位的资产增加或负债减少，从而导致当期净资产的增加。相反，当含有经济利益或服务潜力的经济资源流出事业单位，使得事业单位的资产减少或负债增加，从而导致当期净资产的减少。因此，净资产的计量与本期收入、支出的数额密切相关。

第三，事业单位净资产的项目核算。

一是财政补助结转。财政补助结转，是指事业单位滚存的需要结转到下一年度按原用途继续使用的财政补助资金，包括基本支出结转和项目支出结转。

基本支出结转，是指用于基本支出的财政补助收入减去财政补助基本支出后的差额，包括人员经费和日常公用经费。

项目支出结转，是指用于尚未完成项目的财政补助收入减去财政补助项目支出后的差额。项目支出结转主要包括：项目当年已执行但尚未完成而形成的结转资金；项目因故未执行，需要推迟到下年执行形成的结转资金；项目需要跨年度执行，但项目支出预算以一次性安排形成的结转资金。

基本支出结转和项目支出结转原则上均须结转至下年按原用途继续使用，相互之间不得挪用。

二是财政补助结余。财政补助结余，是事业单位滚存的已完成项目剩余的财政补助资金，即事业单位已经完成项目的财政补助收入减去财政补助项目支出后的差额。主要包括：项目完成形成的结余；由于受政策变化、计划调整等因素影响，项目终止、撤销形成的结余；对某一预算年度安排的项目支出连续两年未使用或者连续三年仍未使用完而形成的剩余资金等。财政补助结余资金无须结转到下年继续使用，应统筹用于编制以后年度部门预算，或按规定上缴或注销。

财政补助结余只在年末进行处理，平时不需要核算。年末，事业单位应当对财政补助项目执行情况进行分析，将已经完成预算工作目标或因故终止的项目当年剩余的资金，从"财政补助结转——项目支出结转"转到"财政补助结余"科目。

事业单位形成的财政补助结余资金，应当按照财政部门的规定处理。财政补助结余不参与事业单位的结余分配、不转入事业基金。年度结余的财政补助结余资金，或按规定上缴，或注销资金额度，或经批准转为其他用途。

三是非财政补助结转。非财政补助结转，是指事业单位除财政补助收支以外的各专项资金收支相抵后剩余滚存的、须按规定用途使用的结转资金。

非财政补助结转资金有两个特点：一是它属于非财政补助资金；二是它属于专项资金。非财政补助收入包括专项资金收入和非专项资金收入，专项资金收入必须按规定用途使用，用于专项事业支出和其他支出，各专项资金收入与其相关支出相抵后，形成的非财政补助结转资金按照规定应结转至下一年度按原项目原用途继续使用。

事业单位的非财政补助结转，应当在年末进行处理。年末，对每个项目的执行情况进行分析，区分已经完成项目和未完成项目。未完成项目的结转资金结转下年度继续使用；已完成项目的剩余资金按项目规定处理；或缴回原专项资金拨款单位，或转入事业基金留归本单位使用。

四是事业结余。事业结余，是事业单位一定期间除财政补助收支、非财政专项资金收支和经营收支以外各项收支相抵后的余额，属于非财政补助结余。年末，应当将本年度累计形成的事业结余（或事业亏损）全部转入非财政补助结余分配。

五是经营结余。经营结余，是事业单位一定期间各项经营收支相抵后余额弥补以前年度经营亏损后的余额，属于非财政补助结余。事业单位开展经营业务所取得的经营收入和发生的经营支出，应当转入经营结余中，以核算经营业务的成果。年末，经营业务的当年盈利在弥补以前年度亏损后，如有剩余盈利，应转入非财政补助结余分配。若经营业务为亏损，无须转入非财政补助结余分配，留待以后年度的经营盈利弥补。

六是非财政补助结余分配。非财政补助结余分配，是指按照规定将事业单位的非财政补助结余（包括事业结余和经营结余）在国家、单位、职工之间进行分配。年末，事业单位的非财政补助结余应当转入"非财政补助结余分配"科目进行分配。可进行分配的非财政补助结余资金，包括事业单位的年度事业结余（或事业亏损，即"事业结余"科目的借方余额）和年度经营结余（不包括经营亏损，即"经营结余"科目的借方余额），财政补助形成的结余资金不得转入"非财政补助结余分配"中，各项结转资金也不进行分配。

七是事业基金。事业基金，是指事业单位拥有的非限定用途的净资产，其来源主要为非财政补助结余扣除结余分配后滚存的金额。具体而言，事业单位的事业基金来源有三个：第一，非财政补助结余扣除结余分配后滚存的金额；第二，留归本单位使用的非财政补助专项（已完成项目）剩余资金；第三，对外转让或到期收回长期债券投资的成本金额。事业基金一般对应于事业单位的流动资产，当事业单位用货币资金对外长期投资时，应将其转为非流动资产基金。收回货币资金的长期投资时，再将其转回到事业基金。

事业基金没有限定的用途，不直接安排各项支出，主要用于弥补以后年度事业单位的收支差额，调节年度之间的收支平衡。但是，事业单位应当加强事业基金的管理，遵循收支平衡的原则，统筹安排、合理使用，支出不得超出基金规模。

八是非流动资产基金。非流动资产基金，是指事业单位非流动资产占用的金额。事业单位的非流动资产包括长期投资、固定资产、在建工程、无形资产等，非流动资产基金就是上述资产所对应的资产净额。非流动资产基金属于限定性基金，被各项非流动资产占用。

事业单位为了兼顾预算管理和财务管理对会计信息的需求，为每项非流动资产设置了基金项目，使得各项非流动资产与相应的非流动资产基金相对应，由此可以实现在取得各项非流动资产时，既确认资金的耗费，又反映非流动资产的投资情况。

事业单位在计提固定资产折旧、无形资产摊销时，应当按折旧、摊销的数额冲减其对应的非流动资产基金。即为"虚提"折旧和摊销，可以合理反映各项资产的价值。事业单位处置固定资产、无形资产、长期投资、无形资产，以及用固定资产、无形资产对外投资时，应当同时冲销或转出该项资产所对应的非流动资产基金。

九是专用基金。专用基金，是指事业单位按规定提取或者设置的具有专门用途的资金，主要包括修购基金、职工福利基金、其他基金等。事业单位的部分业务活动需要有专门的资金来源渠道，并按规定的用途使用资金，为此事业单位设立了专用基金。专用基金属于限定性基金，要求按规定用途使用。事业单位应当根据业务发展的需要，设立专用基金项目。

（六）事业单位的内部控制

1. 事业单位内部控制的要求

事业单位内部控制可以从以下方面分析[①]：

（1）内部控制理念为先。内部控制一定是从防控风险的目的出发而设置的一个管理控制体系，单位做内控不是只做给别人看，一定是领导者有风险防范的意识和理念，是高层管理者结合单位发展目标和管理现状而形成的一种必要性判断和需求，具体化而成为一系列特殊的管理控制活动。

（2）内部控制重在过程。内部控制一定是结合具体的业务过程或管理过程的一个体系，以控制业务活动方向，调整管理活动的力度，保证风险可控，业务活动和管理活动合理可行。

（3）内部控制效在方法。内部控制的方法有多种，可以选择使用。就像各种各样的工具，效能不一样，适用的劳动环境也不一样，应依据工作对象选择好用、效率高的工具。具体的控制环节一定需要匹配合适的控制方法，才能做到有效控制。

（4）内部控制依托制度。现代管理是依托制度的管理控制，是管理的基本职能之一，内部控制实施的背后一定是从防控风险出发，形成独立的或与其他制度相融合的管理制度体系。内控的依据一定不仅仅是内控手册，手册是对核心控制内容的要求，单位执行的各种各样的制度也是内控体系不可或缺的依托。

（5）内部控制需要环境。内部控制的有效性和内控实施的环境相关。内部控制环境主要包括：组织使命、组织文化、社会责任、发展方针、运营理念和战略目标、领导素质、权限分配、组织架构、人力资源政策等。庄稼需要好的土壤才能生长和收获，好的内部控制一定要匹配适应的内部控制环境才能有效发挥作用。所以，内控设计要考虑内控环境的影响，内控实施需要不断优化内控环境，提升内控和环境的匹配度。

---

① 杨武岐，田亚明，付晨璐. 事业单位内部控制[M]. 北京：中国经济出版社，2018.

2. 事业单位内部控制的原则

事业单位建立与实施内部控制，应当遵循下列原则：

（1）全面性原则。内部控制应当贯穿单位经济活动的决策、执行和监督全过程，实现对经济活动的全面控制。内部控制应当覆盖单位的全部经济活动，实现全方位控制；应当将内部控制的思想、制衡机制和控制措施落实到经济活动的各个环节，实现全过程控制；应当对单位所有相关人员包括对单位负责人进行控制，实现全员控制。

（2）重要性原则。在全面控制的基础上，内部控制应当关注单位重要经济活动和经济活动的重大风险，对本单位的重要经济活动的业务环节采取更为严格的控制措施，对经济活动的重大风险环节采取更为严格的控制措施。

（3）制衡性原则。内部控制应当在单位内部的部门管理、职责分工、业务流程等方面相互制约和相互监督。确保不同部门、岗位之间权责分明、相互制约、相互监督，同时兼顾运行效率。

（4）适应性原则。内部控制应当符合国家有关规定和单位的实际情况，并随着外部环境的变化、单位经济活动的调整和管理要求的提高，不断修订和完善。内部控制应当与本单位性质、业务范围、经济活动的特点、风险水平相适应。内部控制应当与所处内外环境相适应，根据新的变化和要求及时完善制度、改进措施和调整程序。

3. 事业单位内部控制的方法

事业单位内部控制的目标是通过采用具体而有效的控制方法来达成的。控制方法是为控制某项风险而有针对性地采取的方法，控制方法应用到具体业务过程便是具体的控制措施。事业单位经常采用的内部控制方法主要有以下方面：

（1）不相容岗位相互分离。合理设置内部控制关键岗位，明确划分职责权限，实施相应的分离措施，形成相互制约、相互监督的工作机制。

（2）内部授权审批控制。明确各岗位办理业务和事项的权限范围、审批程序和相关责任，建立重大事项集体决策和会签制度。相关工作人员应当在授权范围内行使职权、办理业务。

（3）归口管理。根据本单位实际情况，按照权责对等的原则，采取成立联合工作小组并确定牵头部门或牵头人员等方式，对有关经济活动实行统一管理。

（4）预算控制。强化对经济活动的预算约束，使预算管理贯穿于单位经济活动的全过程。

（5）财产保护控制。建立资产日常管理制度和定期清查机制，采取资产记录、实物保管、定期盘点、账实核对等措施，确保资产安全、完整。

(6) 会计控制。建立健全本单位财会管理制度，加强会计机构建设，提高会计人员业务水平，强化会计人员岗位责任制，规范会计基础工作，加强会计档案管理，明确会计凭证、会计账簿和财务会计报告处理程序。

(7) 单据控制。根据国家有关规定和单位的经济活动业务流程，在内部管理制度中明确界定各项经济活动所涉及的表单和票据，要求相关工作人员按照规定填制、审核、归档、保管单据。

(8) 信息内部公开。建立健全经济活动相关信息内部公开制度，根据国家有关规定和单位的实际情况，确定信息内部公开的内容、范围、方式和程序。

4. 事业单位内部控制的规范

事业单位内部控制规范的实施具有重要的现实意义，不仅可以提高管理效果，还可以强化内部控制，加强廉政建设，因此，探析事业单位内部控制规范实施方法十分必要，通过加强宣传培训，注重审计监督，强化项目资金管理，规范业务流程等方式可以确保事业单位内部控制的有效实施。

(1) 事业单位内部控制规范的实施问题。

第一，内部控制观念薄弱。在事业单位，一直有着重业务，轻管理的问题，内部控制观念较为薄弱，单位负责人是内控制度的组织者，在内控管理过程中发挥了重要的作用，但是，单位负责人却对内控知识缺乏必要的了解，对内部控制的作用与意义缺乏认识，影响了内部控制制度的开展实施，不利于内控工作的顺利开展。再加上内部控制观念薄弱，对内部控制的认识不清，因此，即使出台了内部控制规范，在单位中难以实施，即使进行了实施，也过于形式化，不仅实施效果不理想，宣传力度也较差，无法创设良好的内部控制环境。

第二，内部管理制度不够健全。在事业单位，有一套独立的财务管理制度，其核心内容以财务部门为主，与其他部门的联系较少，在实际操作过程中，制度又缺乏必要的规范性，制度的执行力不强，较为随意，极易出现制度得不到指导，制度与工作实际相脱节以及职权分工不明确，互相推诿等问题，影响制度的顺利实施。

第三，业务开展缺乏规范性。目前业务开展不规范是一个较为常见的问题，事业单位内部控制工作主要停留在核算与付款上面，以至于部分会计基础工作难以开展，财会人员业务素质能力明显不足，没有按照一定的业务规范进行开展，影响了内部控制的规范性，不利于事业单位内部控制工作的开展实施。除此之外，在预算管理方面，我国预算体制不断改革，不断完善，大多数事业单位内部管理制度缺少细节，预算支出的约束力不够，超预算、无预算等问题经常发生。

第四，岗位设置不够合理，部分不相容岗位不分离。虽然我国事业单位人员的编制有严格的限制，编制相对紧张，但是也存在岗位设置不合理，内部一人多岗等问题，一些不相容的岗位互相兼容，一些应当分离的岗位并未分离，加大了风险防范的难度，不利于工作的开展实施。

（2）事业单位内部控制规范的实施建议。

第一，加强宣传培训。在事业单位内部控制规范落实过程中，加强宣传培训十分重要，通过加强宣传培训，能够提升相关人员的重视程度，使相关人员意识到内部控制的重要性，解决内部控制规范意识薄弱等问题，推动事业单位内部控制规范的实施，使其发挥应有的作用。加强宣传培训需要注意两方面内容：一方面，进行专题讲座与培训，在培训过程中，需要树立内控理念，使单位的工作人员能够意识到内控制度的重要性，为内部控制制度的有效实施创造有利的条件；另一方面，加强宣传培训，促进内部控制制度的贯彻落实十分重要，需要确保单位全体职员的共同参与，促进各部门协调工作，确保制度的顺利实施。

第二，加强事业单位内部审计监督机制。在事业单位内容控制过程中，建立事业单位内部审计监督机制是内部控制规范实施的关键环节，是确保内部控制工作顺利开展实施的关键，通过建立设计机制，可以保证其独立性，制定一系列的内部控制制度，坚持内外结合，确保工作的顺利实施。首先，加强事业单位内部审计监督机制，需要准确把握内部控制制度的薄弱环节，进行合理的分析，找到容易造成损失的失控点，利用经常性、连续性的审计监督，提高内部控制管理水平，加强内部控制，以便达到理想的内部控制效果。其次，将内部控制审计作为重要内容，了解审计单位的内部控制情况，确保内部审计工作的开展实施。最后，在审计实施阶段，需要注重预算管理，采购管理与收支管理，注重内部控制制度的执行情况，进一步完善治理结构，完善控制环境。

第三，强化项目资金管理。在事业单位，内部控制工作尤为重要，明确内部控制规范，做好项目资金管理工作尤为重要，不仅可以达到理想的资金管理效果，还可以达到理想的内部控制效果。强化项目资金管理需要注意两个方面：一是建立项目资金管理方法，强化绩效结果，推行项目绩效管理。在强化资金管理过程中，还需要按照相关程序进行审核批准，在重大资金拨付方面，还需要通过集体形式进行决策，确保资金管理的科学性与合理性，强化项目资金管理。二是注重项目资金管理的流程，严格按照流程办事。首先，需要要求用款单位提出申请，并进行预算指标审核；其次，需要项目领导进行审批，财务负责人进行审批等，在重大资金拨付方面，还需要单位最高领导审批；最后，进行资金拨付。由此可见，根据项目资金流程强化项目资金管理十分重要，做好强化项目资金管理工作切实可行。

第四，规范业务流程，强化预算。在事业单位内部控制过程中，规范业务流程，强化预算尤为重要，是事业单位改革的重要环节，是加强内部控制的关键环节，因此，规范业务流程，强化预算具有重要的意义。规范业务流程，强化预算需要注意两点：首先，严格执行招标管理以及采购等规定，定期盘点，对相关岗位进行分离，确保岗位的合理性，制度的合理性，同时进行岗位的轮换；其次，建立一套科学有效的预算体系，充分发挥预算控制作用，做到专款专用，加强预算绩效管理，进行预算执行监控，完善预算完成评价，达到规范业务流程，强化预算的目的，同时，通过科学的预算体系，严格的规定确保内部控制工作的开展实施，提高内部控制管理效果，提高内部控制管理水平。

综上所述，内部控制工作还处于起步阶段，因而，内部控制体系还不完善，不健全，仍然存在较多问题，可以根据相关规范建立起科学、合理的内部控制制度，同时，将责任落实到个人，做好监督审计工作，促进内控工作的长远发展，确保事业单位管理活动的有序、高效、规范进行。

（七）事业编制与编外用工

第一，事业编制。所谓事业编制，即事业单位所使用的人员编制，其经费一般由国家事业费承担。事业编制的核定是根据特定的业务计量单位和业务工作量，以及国家规定的定员定额标准来最终确定的。编制的内容包括编制数额、人员结构比例、领导职位设置及职数等。由此可见，事业编制不仅包含众多信息，且具有严格的核定标准，同时又与所属单位的级别、业务量等因素息息相关，不可随意增减。

第二，编外用工。事业单位编制外用工是指由事业单位使用并承担相关费用，履行一定岗位职责，但不纳入事业单位编制内管理的工作人员。通常在事业单位现有在编人员无法满足实际工作需要或短期内无法新增事业编制人员的前提下，事业单位才会招聘和使用此类人员，其主要由两类人员构成：一是由劳务公司派遣的人员；二是由单位自主招聘的社会人员。

二、事业单位与企业人力资源管理的区别

事业单位的活动内容，涉及科、教、文、卫等诸多方面，并且具有社会职能色彩、公共目的等特点，不以营利为直接目的。相比而言，企业单位在开展人力资源管理的过程中，则以营利为直接目的，在财务方面独立核算、自收自支、自负盈亏。

从单位性质来看：事业单位在开展人力资源管理的过程中，主要会将公益性活动作为核心，涉及社会事务管理等多项工作内容，目的是服务社会、管理社会。同时，事业单位人力资源管理的主体，属于地方政府或者国家政府。但就机构的归属而言，事业单位并不属于政府机构，而事业单位中的职员也不属于公务员。除此之外，事业单位在制

定人才激励机制的过程中，通常会将精神奖励作为核心，主要包括授予荣誉、职务提升等。相比之下，企业单位由于获得经营效益的渠道较为广泛，并且有着更多的资金来源，在对职工进行激励的过程中，通常会运用物质奖励，以更加快速、更加直接的方式调动职工的积极性。

从竞争机制的角度进行分析，事业单位的各项职能经营范围，必须得到政府的授权，所以在面对市场发展的过程中，不具有较强的开拓意识、危机感。同时，事业单位在经营发展的过程中，也需要依赖国家的财政资金获得经费，自我营充的程度不能满足发展需求。所以在开展人力资源管理的过程中，会以职务、资历的方式进行考核，难以形成良好的竞争机制。概括而言，企业单位在市场经济发展期间，面临着较大的生存压力，因此管理者会对职工进行相应的竞争激励，通过制定考核体系确保职工的各项考核指标具有有效性、科学性，使其认识到自身的不足，便于发挥更大的潜力。

从组织文化的角度进行分析，事业单位在开展人力资源管理的过程中，需要将服务社会作为主要目标，而职能需要由主管部门进行授予，所以组织文化具有普及性、崇高性的特点。正是在这种环境下，职工会形成较强的自豪感、归属感，便于实现人才激励的目的。而企业在开展人力资源管理的过程中，需要通过较长的时间完成企业文化的建设创新，并且通过文化实现对人才的激励，但最终的效果不佳。

对于人员的选拔而言，事业单位会给人一种金饭碗的印象。所以会受到利益的驱动，在人才选拔的过程中存在大量暗箱操作的不良现象，甚至难以确保职务升迁的公平性、公开性。长此以往会在很大程度上影响职工的积极性。相比之下，企业单位在开展人力资源管理的过程中，会将人才选拔的结果与企业的盈亏相互关联。正因如此，企业会在公正、公开的前提下完成人才的选拔，以优胜劣汰的基本原则，实现对全体职工积极性的激励。

三、事业单位人力资源管理的创新途径

"事业单位的发展创新必须针对自身人力资源管理模式进行，这样才能聚集人才，推进人才创新，形成合力，共同推进人才发展"[①]。在大数据、人工智能技术火速发展的今天，人力资源管理也可以借助这些助手，迎来新时代的新发展。现在的高品质管理模式，需要高素质、专业化的人才资源去实现，去推进，经济社会可持续离不开专业化人才建设，让有知识、有技能、有创新的人才发挥作用，才能实现健康发展。

---

① 孙伟. 人力资源管理在事业单位中创新发展的路径[J]. 商业文化，2021（34）：74.

（一）事业单位人力资源管理理念的创新

理念的创新才能促进质量的发展。事业单位在进行人力资源管理的实践过程中需要革故鼎新、打破陋习，只有拥有打破常规的勇气，创新的障碍才会更少，才更有助于开创新的管理模式。新时期下，事业单位应该针对人事管理模式进行根本上的转变。事业单位领导者更需要看到量化考核标准的重要性，充分利用先进人力资源的管理手段，制定出适合本单位的管理制度。

（二）事业单位人力资源管理制度的创新

事业单位的制度建设需要依靠法律约束，逐步完善自身制度建设，通过实践来推进创新环节，带动创新发展。逐步形成更加科学、更加人道的人力资源管理模式。在当今时代，不适应时代发展的点就是需要改变的点。我们在事业单位发展过程中要做好顶层设计与发展规划，必须从政策与制度角度合理应用人力资源管理创新模式，针对人事、账目以及工资分配等方面进行逐步的完善。从人力资源战略角度出发，推动人力资源管理创新模式的建成与调整。另外，对于科学性、严谨性的把关更是需要从高层战略把关。对人力资源管理方案逐步优化，确定对内转变战略，以此推进人力资源管理创新发展。

（三）事业单位人力资源管理技术的创新

在知识经济时代下任何组织的发展都需要人才这种对全局具有决定性的重要的战略资源，事业单位要想全面提升创新力，那么在挖掘出工作人员的主动性、积极性和创造性等方面，就不能含糊。事业单位要针对工作人员培训开发、招聘录用以及职业规划等多个环节加强人才建设。从创新实践活动中来挖掘人才、培育人才，从创新事业中凝聚人才。事业单位目前的找人策略和制度以考试和招聘为主，曾经这样的制度能够促进单位用人选人，但目前的形势下，人才供应充足，但是曾经的选人竞聘制度已经逐渐暴露问题，再利用这样的问题机制进行招人，难免会产生不满意的结果。需要注意的是，所谓的创新不能局限于考试范围的创新，创新的理念和各项考核机制需要创新。事业单位需要在考试外寻求更加公平合理的考评机制，从道德、素养以及观念认知等方面综合看待，多个知识层面的综合考察，才能找到符合事业单位的高质量、专业性人才。与此同时，事业单位本身的特殊性也需要一部分敢于打破常规的专业知识人才和有改革魄力的高能力人才。创新出实践为基础的考评方式，将更加有利于事业单位对人才开发评价的创新。

（四）事业单位人力资源管理人才的创新

信息时代下人力资源管理的人才创新可以通过信息技术手段作为支撑。在现实过程中，各类事业单位也需要积极引进先进技术，新型技术的支撑，将有利于人力资源管理效率。事业单位需要积极引进先进人力资源的管理技术，利用科学技术手段的来提升运营效率，拓宽管理内容和领域。

第二节 知识经济时代下的事业单位人力资源管理

在知识经济时代下，走在人力资源管理前列的事业单位目前仍存在改革创新的空间，以持续吸引高质量人才、提高人力资源管理水平，促进事业单位实现更好发展。因此，"必须顺应时代发展潮流，审时度势，认清在知识经济时代的重大背景下，只有牢牢掌握以创新为发展的基本理念，才能使事业单位人力资源管理立于不败之地，推动事业单位可持续发展"[①]。

一、知识经济时代下事业单位人力资源管理的必要性

第一，时代发展要求事业单位人力资源管理创新。当前，中国已正式步入知识经济时代，和传统的经济发展时代相比，新知识经济时代更能推动经济社会的可持续发展。对事业单位而言，要想保证工作质量和工作效率，就必须对人力资源管理部门提出新的要求，重视拓展员工的认知领域，提高员工的专业能力。同时为了事业单位能够在知识经济时代稳步向前发展，根据事业单位实际情况，对人力资源管理进行改革创新已成为必然要求。

第二，人力资源管理创新促进事业单位发展进步。现阶段，事业单位改革工作正处于持续开展状态，其中一个主要目标就是改革人的功能，充分调动个人岗位积极力量，给事业单位各项工作带来创新活力，从而促进事业单位发展。在事业单位人力资源管理创新工作中，需要通过采取内控管理、外部监管等办法来提升事业单位的服务水平。但近年来，伴随着经济社会文明的日益发展、迅速变化，事业单位的管理工作与服务质量，均面临困难和挑战。因此，事业单位要想提升业务竞争力，就必须改革创新人力资源管理工作。

二、知识经济时代下事业单位人力资源管理的问题

第一，人力资源管理制度有待完善。当前部分事业单位存在人力资源管理制度有效性较低的问题，部分人力资源管理人员一直沿用传统的人力资源管理制度，在知识经济

---

① 伊君. 论知识经济时代事业单位人力资源管理创新[J]. 商业观察，2022（11）：67.

时代大背景下，很难持续保障人力资源配备和管理的科学合理性；同时由于管理制度缺乏创新，很难提高工作效率，不仅无法落实相关管理规定，无法体现人力资源管理工作的成效，更不能在第一时间实施相关业务，阻碍了事业单位的进步，也减慢了事业单位的社会服务进度。

第二，人力资源管理重视不足。受传统观念思维的影响和对新形势了解不足，部分事业单位的人力资源管理部门没有重视人员的吸纳、人员培训，缺少对人才管理的注重，忽略了人力资源管理的整体投入产出；人员晋升渠道较为单一，无法建立相对完善的晋升机制，使得人力资源管理部门在事业单位管理中陷入被动局面，人力资源管理部门在事业单位发展中的作用不够突出，从而降低了工作质量。

第三，绩效考核形式不够丰富。首先，员工认知偏差。针对事业单位的部分员工而言，因事业单位绩效考核周期较长、考核形式较为单一，某种程度上无法形成良好的自我约束机制，加之缺少必要的激励和约束，导致部分员工可能在很长一段时间内对绩效考核无法形成完整的认知，未能理解绩效考核的目的。其次，考核形式单一。由于地区和行业的差异性导致事业单位的绩效考核形式难以统一，衡量标准不同，人员设置也有所不同，没有根据自身实际情况采取相应科学办法，导致绩效考核难以实行，事业单位的服务效率难以提升。最后，考核周期较长。事业单位的绩效考核通常以年度为周期，较长的时间跨度很难对进度和指标做出跟踪调整；在考核内容方面也多以定性考核为主，员工无法根据绩效考核进行工作重点的调整，因而导致缺少足够的应用价值。

第四，激励机制未能发挥效能。首先，部分事业单位在建立激励机制工作中，未能注重根据员工的精神需要进行合理的精神激励，在人力资源管理中对员工精神的重视与关注程度不够，无法有效调动员工参加单位管理体系建设的热情，从而直接影响单位的人力资源管理成效。其次，由于部分事业单位尚未建立健全的绩效考核体系，无法针对人力资源管理工作需要制定有效奖惩方法，奖励效果无法充分发挥作用，同时某种程度上也会制约事业单位的稳健发展。最后，员工激励机制较为单一，不能综合考虑各种需求后给出精准的差别性激励方法，如信任激励、目标激励等个性化激励有所欠缺，单一的激励手段容易影响员工的向心力，某种程度上制约了人力资源管理效率，不利于事业单位在发展过程中提供更好的公共服务。

三、知识经济时代下事业单位人力资源管理的创新对策

（一）注重人力资源管理创新

第一，重视创新管理理念。事业单位在日常管理工作中，应特别关注人才价值，并

遵循以人为本的岗位理念设计原则，即针对事业单位人员的专业特点为之配置符合专业性的工作岗位，以确保人尽其用，提高岗位工作积极性，提升生产效率。现阶段，较多的事业单位均改变了人力资源管理工作部门，用人力资源的开发部门取代人事管理工作部门，而这并不只是人事部门名称上的改变，还是岗位职能、工作理念上的变化，以便加强事业单位的人才创新意识，为日后管理工作发展积累良好基础。

第二，践行以人为本理念。以人为本理念是开展人力资源管理工作的重要理念基础。事业单位要想达到更好的服务目的、创造更高的社会效益，必须贯彻以人为本宗旨，重视单位人员发展，逐步建立更加合理、健全的内部管理制度，以更好地发挥工作职能，把人力资源管理部门视为事业单位管理制度主体，逐步开展内部人才的开发、管理，以促进事业单位的稳步发展。

（二）制定人力资源管理办法

第一，调整人员结构。事业单位在人力资源管理过程中，需要更加注重人员培训，并科学、合理地分配工作岗位，使之积极、主动地投入事业单位管理工作，以提升自身绩效；根据事业单位的工作特点、人才状况合理调配好员工构成，把适合工作岗位特征的人员配置在适宜的工作岗位，从而在发挥工作职能的基础上，进一步提升工作质量。

第二，营造创新文化。在知识经济时代，创新型人力资源管理不仅能提高效率，还可以促进事业单位发展，可以从三点进行：首先，在事业单位人力资源管理中突出"人性化"的理念，提高员工对事业单位的认同感和归属感，从而令员工产生较强的凝聚力，积极投入到工作中；其次，建立相对新型、开放式的工作环境，培养人员创新能力，吸引更多的优秀人才，为事业单位良好发展前景奠定基石；最后，确立战略性的人才目标，鼓励人员积极向上，集中管理人才，以提高单位人才的绩效水平。

第三，构建完善的人力资源管理系统。知识经济时代也带动了信息技术的迅速发展，借助先进的信息技术也是加快事业单位人力资源管理效率的有效途径。利用信息化技术构建完善的人力资源管理系统，通过人力资源管理系统收集整理并掌握员工的工作情况，根据其实际情况进行能力评价分析，确定员工具备的潜能，并进行对应的培养和工作安排，进一步促进人才发展。

（三）完善绩效薪酬管理机制

第一，基于设计原则。根据不同类型职员的工作特征，在事业单位构建以岗定薪、分级分类监督管理的基本工资体系。为良好反映事业单位管理制度及基本薪酬的内部公正，单位一定要对各类职工的工作岗位及基础岗位职责进行设置和确定，并根据不同岗位工作人员的岗位内容、困难程度，以及工作人员对单位的奉献大小等，依照员工在整个单位体系中的劳动价值高低加以综合评估,对于事业单位各类工作人员的等级及其薪酬均以此为依据,以便制定一种科学、合理、系统、平衡的工资级别标准。

第二,建立多元化制度。事业单位可通过岗位工资制度,根据单位的实际状况,合理分配各个岗位工作职责,并根据职务确定工资标准。不同的岗位因各有特点,需要制定更多样化的分配方法,改变传统的单一性分配制度,从而让职工的职业满足程度有所提升,并以此提高员工对单位的归属感,充分彰显职工的人生价值,为事业单位人力资源管理制度改革做出更多贡献,进一步发挥出事业单位薪酬制度的激励效果。

第三,优化绩效考核制度。构建并完善更有效的绩效考核制度,主要从两个方面着手:首先,在充分考虑事业单位员工状态的情况下,将约束与激励相结合,不过分重视约束,也不过分强调激励,找到两者的平衡点,让绩效考核在人力资源管理中得以最有效的运用。其次,奖惩制度应建立在公平、公正的基础上,并适当将奖惩信息在员工中予以公开,一方面激励员工朝着正面方向前进;另一方面也督促员工全身心投入工作。

(四)构建人力资源培训模式

事业单位的人力资源建设流程中,除了注重岗位职责、岗位报酬之外,还应注重员工培训和专业技能培养。从现实情况出发,事业单位给予员工的薪酬、岗位是有限的,要想留住更多的优秀人才,就应为其创造较多的培训机会,帮助每个员工积极、主动地应对新环境,从而提升工作绩效。首先,事业单位应结合员工的专业、岗位情况择优选取培训讲师,并安排好培训时间;其次,结合员工特点选择相匹配的培训课程;最后将培训机制终身化,帮助员工树立终身学习的意识,引导员工利用培训资源充分自主学习,从而构建完整的人力资源培训体系。

(五)优化员工工作激励机制

从事业单位人力资源管理现状来看,不同的工作岗位存在工作量差别较大的问题,致使岗位人员所承担的工作压力不同,影响服务工作更好、更均衡开展。面对这种状况,事业单位在人力资源管理过程中应形成完善的激励机制,按照人员工作性质,科学、合理地分配工作总量,辅以差别化的激励机制,保障各项工作顺利开展。另外,在知识经济时代,要把知识型员工视为重要基石,在人力资源管理流程中采取柔性管理措施,逐步推行柔性管理模式,给员工创造相对较多的能力发挥空间,提供相对良好的工作环境,注重员工的心理情绪,根据贡献水平予以绩效奖励或口头赞扬,让员工在工作岗位中得到充分认可,突出员工在事业单位发展中的主体角色。通过这些举措,充分挖掘事业单位员工潜力,为单位提供更多的服务价值,从而达到优化人力资源管理的目标,实现更好发展。

第三节　知识经济时代下的事业单位人力资源培训管理

培训是指组织以组织发展需要及员工自身发展需要结合为依据，通过一定的方式和手段，促使员工的认识与行为在知识、技能、品行等方面获得改进、提高或增加，从而使员工具备完成现有工作或将来工作所需要的能力与态度的活动。

一、事业单位人力资源员工培训的意义表现

第一，员工培训是事业单位人力资源开发的重要途径。人力资源开发的主要途径有员工培训、员工激励、职业发展、员工使用和保护等，其中培训是最常用的手段之一。

第二，员工培训能满足企业发展对高素质人才的需要。现代企业之间的竞争归根到底是人才的竞争，企业的发展需要大量高素质的人才。包括高素质的研究开发人员、管理人员、专业技术人员、生产骨干员工等。因此，企业可以通过培训提高员工的素质，满足企业发展的需要。

第三，员工培训能满足员工自身发展的需要。根据马斯洛的需求层次理论，认为需求由低到高可分为生理、安全、社交、尊重和自我实现的需要。尊重和自我实现需求属于高层次的精神需求，是员工自身发展的自然要求，它们对人行为的激励作用最大，而这些需求的满足是以自身素质的提高、提升到一定的管理岗位、工作中发挥个人潜能、工作干出一番成就为前提的。这就需要通过培训来实现。

第四，员工培训是提高企业效益的重要手段。通过培训提高了员工的工作技能、端正了工作态度、增强了工作责任心、发展了个人工作能力、满足了员工的发展需要，则会提高员工的满意感而激发其工作热情，最终则有利于提高工作效率，节约劳动消耗，从长远来看可以提高企业效益，因而企业领导者应有长远发展眼光，不能仅考虑眼前利益。

第五，员工培训是一项最合算、最经济的投资。培训需要大量的投入，这种投入不是费用的发生，而是人力资本投资的一种形式，其投资回报率要远远高于其他物质资源投资。

第六，员工培训是企业持续发展的保证。企业持续成长是指在一个较长的时间内，通过持续学习和持续创新活动，形成良好的成长机制，企业在经济效益方面稳步增长，在运行效率上不断提高，企业的规模不断扩大，企业在同行业中的地位保持不变或有所

提高。为此也必须通过培训及其他途径提高全体人员的素质，以高素质的员工队伍为保证。

二、事业单位人力资源员工培训的常用方法

在事业单位人员培训中，管理者或培训者经常需要选择一种培训方法。实际工作中培训员工的方法有很多，如讲授法、研讨法、观摩法、角色扮演法和工作轮换法，其中，讲授法和研讨法最常用，这些方法又分为在职培训和脱产培训两大类。

（一）在职培训法

在职培训法有一对一培训法、教练法和工作轮换法。

1. 一对一培训法

一对一培训法是一种常用的培训方法，在这种培训方法中，培训者和被培训者一对一结对，单独传授，也就是传统的"传、帮、带"和"师徒制"。培训过程包括培训者描述、培训者演示和被培训者在培训者的监督下练习三个环节。当然，在此种培训方法中还可以补充各种文字材料、录像带和其他资料。

一对一培训法的优点：①花费的成本低，在培训过程中，学员边干边学即"干中学"，几乎不需要格外添置昂贵的培训设备；②培训与学员工作直接相关。因为，学员在培训中使用的设备或所处的环境一般与以后工作过程中的非常相似，甚至是相同的；③培训者能立即得到培训效果的反馈；④这种培训方法比较灵活——培训者可根据情况变化随时调整培训内容和方式。

一对一培训方法的不足：①在许多组织中一对一培训并没有周详、系统地设计，而是较为随意地进行。换句话说，组织运用此法开展培训工作较为草率；②运用一对一培训法进行培训时，培训内容常常是一些简单、常规、机械式的操作。例如，简单的机械操作、档案管理和简单的清洁工作适合用一对一培训法进行员工培训；③组织中也许找不出合适的培训者。例如组织内没有精通计算机图形设计（CAD）的人，就不能用一对一培训法开展这项培训工作。

2. 教练法

随着人们对体育运动越来越青睐和投入，教练技术也越来越受到人们的关注。一些具有远见卓识的企业管理者，已经将运动场上的教练方式运用到企业培训上来，并形成一种崭新的教练培训方式。

在教练法这种培训方式中，培训对象的教练需要做到三点：一是指导培训对象做出计划、策略，以引导培训对象思考为何要做、如何做；二是指出培训对象所不能或没有想到的状况等；三是持续地引导与客观意见的反馈。

3. 工作轮换法

工作轮换法亦称轮岗，指根据工作要求安排在不同的工作部门工作一段时间，通常时间为一年，以丰富新员工的工作经验。在历史上出现于日本的工作轮换，主要是以培养企业主的继承人为目的，而不是较大范围内推行的一种培训方法。现在许多企业采用工作轮换是为培养新进入企业的年轻的管理人员或有管理潜质的未来管理人员。

就优点而言，工作轮换法能改进员工的工作技能、增加员工的工作满意度和给员工提供宝贵的机会。从员工的角度来看，参加工作轮换法培训的员工比未参加这种培训的员工能得到快速的提升和较高的薪水。

就缺点而言，工作轮换法由于不断地进行工作轮换给被培训者增加工作负担，还会引起未参加此种培训的员工的不满。

（二）脱产培训法

脱产培训有讲授法、影视培训法、远程培训法和虚拟培训法等培训方法。

1. 讲授法

讲授法是由培训者向众多学员讲解培训内容，培训者一般是该方面的专家。培训过程中，培训者会鼓励学员参与讨论或提问，但大多数情况下是单向交流，几乎没有实践时间。可见，讲授法是最为传统的脱产培训方法之一。

讲授法的优点是：能有效提供相关的基本信息；适用于各种内容的培训；有高超讲授技巧的培训师能提供优秀的培训。当然，讲授培训法也有缺点：培训效果受培训师表达能力的影响较大；较少考虑被培训者的理解能力；费用昂贵；用于某些实践性强的领域（如人际交往）收效甚微。

2. 影视培训法

影视培训法是用电影、影碟、投影等手段开展员工培训，其优点是：学员直观地观察培训项目的过程、细节，引起视觉想象；能随时停下片子的播放，伴以培训师的细致讲解，加深学员的理解，收到良好的培训效果；多次反复地进行，便于学员复习所培训的内容。影视培训法的不足之处是：学员处于被动地位，无法进行相互的交流；高昂的制作成本限制了该培训方法的使用。

3. 远程培训法

远程培训法指将学习内容通过远距离传输到达学员的学习地点，以供学员学习。由于采用的设备不同而有多种不同的具体形式，如广播、电视、因特网等。目前通过因特网进行培训是最常用的远程培训方式，这与培训内容容易更新、电脑的普及、因特网技术不断改进和网页界面越来越友好有很大的关系。

远程培训法由于具有可以克服空间上的距离、节省时间、在一个特定的时间宽度内能不定期、持续地接受培训以及学员更易接近电子数据库等众多优点而受到越来越多的组织的青睐。计算机行业巨子 IBM 就是成功地开展远程化培训的典型例子。IBM 培训部将各分部员工所需培训内容进行编辑，制作成电子教材后在内部局域网发布，供学员随时随地上网进行自我培训或集体培训，节约了大量的培训费用，有效地降低了产品成本，收到了良好的培训效果。利用网络开展远程化培训方便、效率高，能满足各种行业的需要，远程化培训利用网络实现跨地区、跨国联网，既满足了异地培训的需要，又比较容易地获取各种新的知识和信息，逐渐减少了有关培训的支出。

4. 虚拟培训法

虚拟培训法包括时空、内容、设备和角色的虚拟化，具有沉浸性、自主性、感受性、适时交互性、可操作性、开放性和资源共享性等优点。虚拟现实技术为现代组织的人力资源培训开辟了一条新的道路，特别为那些投资成本极高、难度很大、环境危险和操作性较强的技能培训搭建了崭新的培训平台。

经济全球化的发展，导致竞争残酷激烈，无论哪个行业都将规避风险，降低成本变为迎接激烈竞争的有力武器和首要任务。为了满足这种要求，充分利用高科技手段，综合计算机、图形、仿真、通信和传感等技术，为培训建立起一种逼真的、虚拟交互式的三维空间环境，这种与现实世界极其相像的、虚拟的人力资源培训与开发技术应运而生，并开始得到广泛的认可和运用。

建构在虚拟现实技术之上的现代人力资源培训与开发的方法，具有传统培训方法所无法替代的优点，并且体现了信息化这一社会发展特征。随着全球经济一体化，竞争越来越白热化，虚拟化的人力资源培训与开发方法有着强大的生命力和发展前景。

三、事业单位人力资源培训管理的开发体系

时代的进步和发展让企业对人才的需求随之提高，为了满足自身对人才源源不断的需求，企业人力资源管理的重点在于开发和培训现有的人力资源。所以这也要求企业的培训开发系统更加规范化、系统化、流程化，更加有针对性。

（一）培训管理开发的建立目的

一般而言，企业对员工进行培训、整合内部的培训资源主要参照培训开发体系开展，建立和完善规范化的培训开发体系，对企业大有裨益。

第一，推动人才培养目标的实现。

第二，让企业的培训工作得到持续性和系统性发展。

第三，保证培训管理者能够有效评估员工的培训效果。

（二）培训管理开发的设计原则

第一，企业战略为主导。企业设计人力资源培训开发系统是为了实现企业的战略目标，为企业近期甚至是将来人才数量和质量的需求提供保障。因此，在开放体系的具体实施步骤方面，还要从企业长远发展的角度出发组织相关培训工作。

第二，按需施教、学以致用。培训活动要根据员工的层次和类型、基础开展不同的培训，从而提高培训的精准度和成效，这是因为企业员工在学历、基础和工作类别、工作层次等方面有很大的区别，为了让他们学习到更多的新技术、新知识、新理念，企业应该分类开展培训活动，对不同类别的员工开展不同的培训才能真正提高他们技能，进而共同推动企业实现战略目标。

第三，全员培训和重点提高相结合。员工的利益和企业的利益紧密相连，企业的发展和成功也是所有员工一起努力的结果，特别是那些具有高技术的核心人才，他们为企业做出的贡献更大。企业培训并不仅仅包括新人培训和全员普及培训，也要对企业的高层次管理人才和领导层、骨干技术人才开展培训，做到统筹兼顾。

第四，长期性原则。企业的培训并不会取得立竿见影的成效，而是培训内容一点一滴的积累对员工产生潜移默化的影响，从量变转化成质变。因此，企业要充分认识到培训是长久投资和持续投资的过程，要持之以恒才能获得更好的成效。设计培训开发体系时，要坚持以人为本的原则，用长久性和持续性的精神组织培训活动。

第五，主动参与原则。员工培训开发体系的主体是企业的全体员工，同时员工又是企业实现战略目标的具体实施者和参与者，他们对自己的工作职责、工作中存在的问题非常了解，也更加明白自己或者企业需要改进和提高的方面。因此，企业要充分调动员工的积极性和参与感，使其加入设计员工培训开发体系的过程，一方面能帮助解决企业发展存在的问题，推动企业的发展；另一方面能让员工参加培训的热度不断提高。

第六，严格考核和择优奖励原则。不论是大企业还是小企业，都会开展员工培训活动，但是他们取得的成效往往有很大差别，主要是因为培训方式和培训内容对员工的吸引力不同、培训老师的质量不一样，影响最大的因素还是培训的考核和奖励方式。如果将奖励和考核融合到一起，那么员工会十分愿意参加培训，如果严格考核，则员工会用端正的态度参与培训；如果没有考核或者考核比较简单，则员工也不会认真参与。

第七，投资效益原则。员工培训开发体系的建设本质上是企业的一项长期投资，投资的产品是目前企业拥有的人力资源，与其他产品投资类似，企业对人力资源进行投资，利用培训的方式不断提高员工的专业能力，让他们为企业创造更多价值，这才是培训的最终目的。此外，还要依据企业的战略目的，不断调整培训方式和培训内容，争取实现培训效果的最大化。

第六章 知识经济时代下的企业人力资源管理研究

第一节 知识经济时代下的企业人力资源管理重要性与要求

随着科学技术的不断发展，信息技术促进了知识经济的发展，时代不断在变化，先进的科学技术成为知识经济时代的重要发展标志，在这个过程中，企业更加重视人才的培养和储备，对于人才综合素质的提升尤为关注，以此来提高企业在行业中的竞争地位，实现综合实力提升的战略目标。

一、知识经济时代下企业人力资源管理的重要性

知识作为企业经营过程中重要的生产要素，可以将资源进行合理分配，转化为企业无形的资产。知识经济时代在于人才对于知识的运用，关键在于创新能力的有效发挥，人才实力作为企业发展的重要竞争力，为企业持续发展提供源源不断的动力，因此人力资源开发与管理对于企业而言，必须高度重视，形成有效的人才培养以及人才管理体系，将人力资源的最大价值有效发挥，以此提高企业的生产效率和经营效益。

第一，有利于为企业提供强有力的人才保障。知识经济时代，企业的发展离不开人才的支撑，要想立足长远发展，必须不断完善人力资源开发和利用，以此优化企业的管理水平，为企业提供强有力的人才保障。在激烈的市场竞争环境下，对于高素质的人才需求越来越旺盛，企业的人力资源管理水平关系到是否能够留住人才，由于市场环境不断在变化，导致了人才的流动性加剧，人才择业具有更大的选择性，因此对于人力资源的有效开发非常重要。"企业只有提高管理水平才能为人才提供经济支持，才能留住人才，

发挥人才的作用，为企业发展提供智慧化建设，因此企业管理非常重要"[1]。

第二，有利于挖掘人才潜力促进企业发展。人力资源部门作为企业管理的重要部门，对于企业发展而言，不可或缺。并且人力资源不仅仅是对于人才的管理和招聘，还有更加重要的工作就是人才开发，即有针对性地引进优秀人才，并且对人才进行有效培养，挖掘人才巨大的潜力，为企业发展贡献智慧。对于已招聘的企业人才，人力资源管理需要重视潜能开发，挖掘每个人才擅长的领域，对人力资源进行优化配置，实现人才对于企业最大的价值贡献。根据人才的优势特点进行重点培养，这是企业人力资源开发的重要属性，也是人力资源管理的重要研究方面，对于企业未来的发展具有重大意义。

二、知识经济时代下企业人力资源管理的新要求

第一，人力资源跨文化开发与管理。在全球化的背景下，信息技术高速发展，任何行业的技术发展离不开人才的支撑，尤其是企业，离不开人才力量的支撑。经济快速发展，国际贸易也逐渐频繁，导致各国之间的人才交流越来越密切，人力资源的开发与企业管理已经不局限于单一的管理形式，跨文化的人力资源开发已经成为一种新的趋势，并且最后将会成为企业发展的常态化现象。各企业重视人力资源的跨文化融合，在人才开发与管理方面注重发展多元文化的模式，在保持中国优秀传统文化的同时，接轨国际优秀的管理策略，重视多元文化的发展局面，形成国际性的人力资源管理模式，以此吸引国内外高素质的优秀人才。

第二，知识经济对人力资源提出更高要求。知识性的高素质人才作为企业发展的力量源泉，决定了企业能够可持续发展，因此，在知识经济时代，知识能够创造良好的经济效益，并且不断成为新的收益生产要素。网络信息技术飞速发展，逐渐改变了企业的经营模式，也改变了市场环境，因此，人力资源需要按照知识经济的发展趋势提出更高的要求，企业要想打破发展瓶颈，就要开发知识性智能人才，只有掌握了科学技术的独特性，才能拥有持久的竞争力。知识作为企业生产的内在动力，而创新则是知识经济时代最为耀眼的旗帜，面对复杂的市场竞争，企业必须创新人力资源管理形式，充分发挥人力资源开发的作用，为企业创建人才储备计划，完善人力资源管理。

第三，注重经济目标和社会目标的统一。知识经济比较强调生态效益与环境效益的统一，因此企业必须制定可持续发展的战略目标，将经济目标和社会目标进行有效的统一。信息技术不断发展的今天，企业的发展不同以往在很大程度上依赖物质与资本，如今知识经济体系下，企业的发展越来越重视资源的有效利用，特别是人力资源的管理，

---

[1] 杨雅恬. 知识经济时代企业人力资源开发与管理对策创新 [J]. 今日财富，2021（20）：202.

而人力资源的开发和管理能够创新企业经营模式，使企业不断调整自身的发展定位，创新自我发展价值理念。人力资源的开发与企业管理也需要实现社会价值与自我价值的统一。

第二节　知识经济时代下的企业人力资源管理的角色定位

目前，社会已经逐渐步入知识经济时代，许多企业开始意识到传统的人力资源管理不能满足现有企业的发展需求，于是逐渐开始调整人事管理，推动人力资源管理水平的提升。在人力资源管理改革与调整过程中，首先就需要调整人事管理的目的和任命，突破旧有的模式。这种新型应用程序为企业发展创造了势头，但它需要人力资源管理者来进一步推动自身的能力提升。在企业人力资源创新的基础上，企业要秉承"以人为本"的发展理念。在管理创新方式上要根据企业的实际情况有层次，有目标地进行创新。在企业环境上进行改善，满足不同层次的员工对企业的各种需求，听取相应的意见，调动好员工积极性，使他们能够站在发展的角度去思考问题，只有这样，才能够促进企业持续长远的发展。

在知识经济时代，传统的管理模式受到了较大的影响，为了适应新的经济环境，有必要积极借鉴和引进新的管理理念，以便于为人力资源管理注入新的活力。在这种背景下，企业必须对人力资源管理进行重新定位，并对其管理模式进行创新。

一、强化企业文化建设

在企业人力资源管理工作创新发展中，为了更好适应知识经济时代的发展要求，必然需要重点围绕企业文化建设下功夫，确保企业文化建设能够表现出更强的实效性，有助于留住企业人才，这也是符合企业人力资源管理中以人为本的基本原则。基于企业文化建设工作的开展，其往往需要首先明确企业文化主题和核心内容如当前很多企业通过"爱惜人才、重视人才"开展多种活动，营造较为理想的氛围，进而促使企业员工能够感受到企业的关怀。如此也就可以不断增强企业员工的归属感和认同感，促使企业员工更加愿意留在企业，并且可以明显提升自身工作积极性。当然，在企业文化建设工作中还需要充分考虑到企业自身发展需求，能够将企业发展潜力和战略发展目标融入其中，如此同样可以较好促使企业员工意识到企业未来发展的无限可能性，增强其对于企业的认同，并且也能够明确自身工作发展方向，将自身发展和企业发展有效协调，更好体现自身价值。

二、树立新的观念

在未来企业人力资源管理工作落实中，必然需要重点围绕着相关理念进行不断创新调整，确保未来企业人力资源管理具备更强的时代适应性，为人力资源管理工作提供理想的理念支持。在新的人力资源管理观念中，人才资源观是比较核心的重要内容，需要确保各个企业人力资源管理人员能够充分意识到人才对于自身发展的重要价值，进而更加重视自身工作，能够为人力资源管理工作投入更高的资源，加大人才投资力度，不论是在人才引入还是在企业员工培训方面，都需要加大支持力度。从企业未来发展定位上来看，应该重点围绕着知识型企业进行努力，确保自身能够具备充足的人才储备，避免人才方面因为相关因素限制，而影响企业未来发展。当然，这种新的人力资源管理理念不仅仅是对于人资部门及其工作人员而言需要转变，更是需要促使企业管理人员意识到知识经济时代下人才的重要价值，如此才能够在企业整体发展中更加关注人力资源管理。

三、创新收入分配制度

对于企业人力资源管理工作的落实而言，收入分配制度是比较核心的环节。同样也是企业员工相对比较关注的内容，应该作为未来创新发展的重要目标和要点。针对企业收入分配制度的制定，需要充分考虑到当今市场经济规律以及知识经济时代发展下的新要求，了解企业员工对于该方面的需求，尽量体现较强的公正性和公平性，降低企业员工在该方面存在的明显矛盾和缺陷问题。结合这种企业人力资源管理中收入分配制度的制定，应该综合考虑各个方面因素，对于企业员工的工作能力、业绩以及道德素质等，都需要充分考虑，进而才能够明确升职加薪的结果，确保其符合企业员工的自身预期，以此留住员工，并且充分提高企业员工的工作积极性。基于此，相应绩效考核机制也就需要进行不断完善，结合自身企业发展实际状况以及业务发展需求恰当设置权重，进而也就能够明显提升企业员工的内部良性竞争，并且有效激发企业员工的主人公意识，将自身利益和企业利益结合起来，最终为企业发展做出更大贡献。

四、创新人力资源培训机制

在知识经济时代发展下，企业人力资源管理的创新发展往往还需要重点关注人力资源培训环节，促使人力资源培训能够具备更强的时代发展适应性，促使各个企业员工都能够在培训工作后表现出更强的工作能力和业务能力，有效为企业发展做出更大贡献。基于此，企业未来人力资源培训工作首先需要从培训内容和目标入手进行恰当设置，确保人力资源培训工作能够具备更强的实效性，结合当前科学技术创新趋势以及企业自身发展需求进行详细分析，了解企业未来发展对于人力资源类型的需求，进而也就能够有效明确培训内容，实现自身工作的有效转变。此外，人力资源培训工作还需要重点把握好对于企业员工归属感的培养，在培训过程中促使企业员工意识到企业的重视，做好思想道德方面的教育，对于企业内部人际关系也需要进行充分关注，营造适宜的工作氛围。

五、实行企业内部之间的相互流动

在现代企业中，为了更好地进行分工，往往都会设立多个部门，这些部门的工作内容各不相同。企业应该结合员工的实际需求或者出于培训员工的目的实行企业内部不同部门之间的相互流动。知识型员工通常对工作内容具有更高的要求，他们更加追求自己工作内容的意义以及挑战性，若使其长期处于重复性的劳动中必然会使他们感觉枯燥无味，工作积极性降低。对于这种状况，企业可以让员工在不同部门之间进行工作调换。这有助于帮助员工熟悉企业内部不同部门的业务，为企业培养出综合性的人才。

综上所述，对于未来企业人力资源管理工作的开展，其在知识经济时代发展下面临着更多新的要求，传统的人力资源管理模式很容易表现出明显的限制因素。基于此，未来知识经济时代下企业人力资源管理工作的落实，必然需要着眼于各个环节和要点进行不断创新优化，从管理理念、管理机制、管理人员以及手段等方面进行调整完善，促使企业人力资源管理工作符合新时代发展要求，只有这样才能够为企业未来可持续快速发展营造较为理想的人才条件。

第三节 知识经济时代下的企业人力资本投资激励措施

一、人力资本投资及其激励机制

人力资本投资是指企业采取各种切实有效的手段，对人力资源进行开发性投资，以取得最佳经济效益的活动。人力资本质量的提高对企业效率的提高起着正向促进的作用。企业通过对人力资本的投资，可以提高人们的知识水平，扩大知识范围，从而提高劳动力的素质、劳动生产率以及人力资本贡献率。

随着人们的知识结构不断合理化、知识范围的进一步扩大，必须加大对人力资本的投资，这样劳动力的质量才能得到改进，员工的工作能力、技术水平才会逐渐提高，从而他们的劳动生产率也会不断提高。这种能够带来效率和利润的资本形式是通过对人力资源的开发性投资形成的，即企业的人力资本。

（一）人力资本投资的构成

人力资本投资的构成主要有以下方面：

第一，人力资本获得投资。人力资本获得投资是指企业从社会上获得人才的资本投资，包括招聘、选拔、聘用和安置人才付出的费用。招聘过程中相关工作人员的工资、外地招聘的差旅费、招聘场地费以及委托猎头公司投入的费用。录用过程中对应聘人员的补贴费用、体检费用以及办理相关手续的费用。安置费是用于安置已经被录用人员的费用，包括安排受聘人员上岗所发生的临时生活费、行政事业性费用、一次性津贴、家庭杂费等。

第二，人力资本使用投资。人力资本使用投资指维持公司员工正常工作及其再生产所需要的支出，包括对员工的维持支出、调整支出和激励支出。维持支出就是要保证公司员工的工资和福利；调剂支出是为了员工更好地工作而对其进行精神上的调剂所发生的费用，如团体活动、社团活动、休假等员工费用；激励费用是用来调动工作人员的激励和创造力的成本，是工资之外的一部分，包括项目奖励、专利奖等。

第三，人力资本教育培训投资。人力资本教育培训投资指为提高员工的工作水平，增加企业人力资本的使用价值而进行的培训支出。人力资本教育培训投资主要包括在职培训投资和脱产培训投资两种方式，这类投资的共同特点是为了提高员工的工作能力、专业素养和专业知识而产生的成本。其目的是增加员工的工作效率，从而提高企业外部竞争力。从投资的产生角度，可以分为内部培训投资和外部培训投资。

第四，人力资本健康保险投资。人力资本健康保险投资是指企业在人力资本使用过程中为保障员工的健康状况而必须支付的费用，是指当员工暂时或长期丧失人力资本使用价值时，企业为保障员工的基本生活必须支付的费用。主要包括对员工的医疗费用、医疗保险、劳动保护等方面的投资。

（二）人力资本激励机制及其方式

激励机制是指激励主体（如企业管理层）通过一套较为完善的激励方法对公司员工实施激励效果的总和。这种激励是向上的，可以促进企业经济效益的提升，并且从反馈结果来看，激励主体和被激励的员工都达到了自己的满意，也发挥了自己最大的效用。激励机制分为外部激励和内部激励两部分。外部激励是企业自身以外的客体，包括政府部门、政府相关政策、利益相关者、其他国家的经济环境等。内部激励对象包括高层管理人员、技术型员工、普通员工等。

人力资本激励机制主要有以下方式：

第一，薪酬激励。薪酬激励是最基本、最普遍的激励模式。激励方式包括对员工发放的工资、奖金、福利等，这是员工的基本需求。根据马斯洛的需求层次理论，只有满足员工的基本生理需求，员工才能追求更高层次的需求，从而鼓励员工安心地工作。

第二，目标激励。目标激励是设置合适的目标来激发人们的内在动力，从而调动员工的工作积极性。目标作为一种诱惑条件，具有引导和激励的功能。事实上，除了金钱目标，每个人都有权力目标或成就目标。管理者是善于发现每个员工的隐藏目标，帮助他们制定详细的目标实施步骤，并引导他们在以后的工作中实现目标。当每个人的目标都很强，迫切需要实现的时候，他们就会对工作有强烈的责任感，能够自觉做好没有监督的工作。这种目标激励可以产生强大的效果。目标设定理论认为，为员工设定具体的、可量化的目标，并在目标实施过程中给予不断的反馈，会对员工起到很大的激励作用。

第三，声誉激励。声誉激励是指当学者发现薪酬激励不能达到预期的激励效果时，从心理学的角度来看，声誉对心理和行为的影响被提升到公司治理的层面。高管薪酬激励的边际效应逐渐降低，而声誉和行业影响力对高管薪酬激励的边际效应逐渐增加。

第四，培训和发展机会的激励。在当今快速发展的经济社会中，为了确保员工能够与时俱进，更新自己的知识，学习和掌握新的工作技能和知识，企业管理者可以考虑定期为员工组织员工培训或外部学习。通过这种激励方式，可以拓宽员工的视野，提高他们的个人价值，并且可以保持企业的人才优势和长期竞争优势。因此，企业需要为各级员工提供相关的培训和学习机会，为员工提供合适的发展方向，让他们为企业贡献自己的力量。

第五，公平理论激励。公平理论认为，员工可以通过比较自己的投入产出与其他员工的投入产出来判断自己是否被公平对待。当员工觉得自己的投入产出与其他人是相等的，他们会更容易接受这个结果，工作积极性也会进一步提高。如果员工认为自己付出了同样的努力，而其他人却得到了更多的补偿，或者认为自己的努力没有想到与付出程度相当的补偿，他们就会不满意。公平理论强调员工投入与产出的一致性。下面的公式可以用来判断公平的标准，即个人的产出或报酬／个人投入。相关人员的产出或报酬／相关人员的投入。

二、人力资本投资激励的优化措施

下面以某高新技术产业集团公司人力资本投资的激励为例，对人力资本投资激励的优化进行分析。

（一）优化人力资本投资体系

1. 制定目标年薪制

目标年薪制是指以年为发放单位。当公司的经营达到预期目标时，公司领导会给一些优秀的员工支付年薪。一般年薪由奖励工资和固定工资两部分组成，这种工资制度有一个明显的特点，它能够将员工的表现与年收入挂钩。同时将员工的薪酬与企业整体绩效挂钩。目标年薪制在薪酬方面起到正向激励的作用，能够引导员工将个人目标与公司整体目标相结合，从而促进企业的持续发展。

某高新技术产业集团公司在制定目标年薪时，可以以目前的薪酬体系为基础，调查竞争对手的年度工资水平，了解公司的薪酬预算，从而为各个岗位的员工设定目标年薪。不同岗位员工的目标年薪也有一定的差异。先根据员工的不同岗位为员工设置年度工作目标，在工作目标设定后，根据员工上一年度的绩效考核和工作能力，在每年年初为员工设定目标年薪。

一般为员工设置的目标年薪采用年终奖励和固定月薪发放两种方式。先确定固定月薪在目标年薪中的比例，一般为目标年薪的80%，剩下的20%按照员工的绩效考核结果以年终奖的形式发放。当然，职位越高，年终奖的比例越高。年终奖根据员工的绩效考核情况，确定奖金发放系数，并根据当年的收益情况和员工对公司的贡献来确定最终发放的金额。另外，目标年薪设置时需要注意以下方面：

（1）根据岗位不同设置不同的目标等级。如一般员工固定月薪在目标年薪中占80%，年终奖占20%。但高管层因为工作技术含量等短时间内很难对其进行绩效考核，所以高管人员的工资一般按年薪发放，分为基本年薪和绩效奖金等。基本年薪所占比重在40%到60%之间，高管的级别越高，基本年薪的占比较低。销售人员的目标年薪也分为年终奖励和固定月薪两种形式。按照公司对他们制定的年目标销售额完成情况获得不同的固定月薪。销售人才除了要完成目标销售额，还要创造销售利润，并且通过制定销售人员年销售利润基数表，利润基数据销人员创造的利润确定，利润基数与固定年薪的乘积就是销售人员的年终奖励。

（2）目标完成情况不同，奖金发放不同。例如，对研发主管业绩完成情况的考核。业绩完成情况越差，绩效考核比重越低。高管人员按照年薪等级分配计算。刚好完成业绩的定为年薪等级中的第三级，超额完成业绩30%的定位第二级，第二等级比第三等级高一万元，超额完成业绩30%及以上的定为第一级，第一级比第二级高两万元。同理第四等级为未完成业绩目标的，扣奖金一万元，第五等级比第四等级多扣一万元，第四等级、第五等级是对未完成目标的高管人员的惩罚。

（3）超额完成目标应该支付的工资总额更高，这可以根据最优秀的员工尽其所能达到的标准来确定。不同岗位之间应按照完成情况均衡协调工资总额和最低工资，并设置超额奖励，以确保整体效益最大化。不同岗位之间的年薪差异应公开给所有员工，并以适当的方式竞争岗位。

2. 加强科研项目薪酬激励

科研项目激励薪酬主要用来激励研发人员在新产品开发、技术创新、降低成本、优化设计等项目中取得的优异成绩。在经过市场调研后，要确定符合公司战略方向的项目，并由公司高层及研发主管组成技术委员会批准。项目建议书规定研发人员应根据项目产值的大小、毛利水平、项目的难度程度以及在项目中所起的作用分享项目成果，有效调动研发人员的积极性。具体操作分为以下三个步骤：

（1）在项目启动时由公司根据项目价值的大小来确定应发奖金总额。

（2）对项目团队的整体绩效进行考核，确定项目团队的绩效奖金。由于研发人员主要从事新产品技术的开发工作，其他领域涉入不深，因此研发项目需要不同领域的专业人员共同参与，研发工作以项目团队的形式开展。构建合理的绩效考核体系对研发团队具有很明显的激励作用。

（3）确定研发团队成员的个人绩效奖金。由于研发团队中不同岗位的员工从事不同的工作，如研发管理人员既从事技术工作，也从事管理工作，而研发项目普通成员只负责技术的研发。

3. 实施股权激励

在知识经济时代，员工流动率高，如果员工感到不满，会加大他们的离职率。特别是对核心技术人员而言，仅仅依靠基本工资和奖金等短期和中期奖励是不够的。公司留住这些员工的关键是得有长期激励机制，也就是让核心技术人才认识到自己的技术和知识能够以资本的形式参与分配，从而获得长久的保障。股权激励是一种长期激励模式，在股权激励下，员工与公司形成利益共同体，其知识提供的价值与企业的发展息息相关。因此，实行股权激励更能激发员工的创造性和工作主动性。股权激励一般采用以下制度设计：

（1）确定被激励的对象：股权激励对象一般由董事会选择，选择时充分考虑员工的职责、工作能力和个人业绩等，一般被激励对象都是公司的核心员工，如核心技术人员或者销售人员以及公司高管层。

（2）选择股权激励方式：股权激励方式多种多样，一般与公司的发展阶段和公司性质密切相关，其中最关键的是各公司根据自己的实际情况和被激励的对象，选择适合的激励模型。目前最常用的方式有限制性股票、股票期权、虚拟股票等。虽然激励方式很多，但我国最常用的为股票期权和限制性股票两种方式。

在股票期权模式下，持有者直接向公司购买未发行的流通股，而不是从二级市场购买，这样会增加公司的所有者权益，将公司管理层和股东的利益联系起来。股价上涨，两者同时获利，股价下跌，两者同时亏损。因此，股票期权既可以建立长效机制，又能充分发挥激励作用，实现双赢。

限制性股票模型是一种赠予形式，对员工而言是免费的。它可以激励员工将更多的时间和精力投入到长期战略目标上，而无须为购买付出代价，而且限制性股票在股票下跌时仍然有价值，所以很多公司采取限制性股票模式。但股票下跌，股东的利益会受损，而激励对象因为投入成本低，利益不但没受影响反而会上次，因此限制性股票下股东的利益和管理者的利益相反。

根据不同的发展阶段选择不同的股权激励方式。一般公司都会经历初创期、成长期和成熟期几个阶段，在不同阶段选择的激励方式也是不同的。

首先，初创期。初创期优先考虑技术入股。因为在初创期，公司的产品处在试运营阶段，在这一阶段，公司面临着巨大的市场和技术风险，又缺乏足够的现金投入，因此公司亟须在产品上取得巨大优势，公司管理者严重依赖技术骨干和高级管理人员，因此在初创期最适合技术入股。技术入股是公司对研发人员发布的内部虚拟股份，并捐赠给优秀的研发人员。技术股由财务部管理。在每年底，根据公司当年的收益向股东分配股息。股息一般在15%到25%之间。如果技术人员持有"技术股份"三年以后或者合同未续签，则可以将技术股折现。当劳动合同到期时，技术股的股息不会到期，劳动者不再续签劳动合同，经领导同意辞职后，在明确移交工作的情况下，公司支付技术股本。技术入股是公司初创期特有的激励方式，对产品创新有很大的促进作用。

其次，成长期。成长期是公司进一步扩大生产规模的阶段。在这一时期多数公司尚未做好上市准备，技术还不成熟，仍然需要大量的资金来满足公司的正常运营。因此人员激励是公司在这一阶段面临的主要问题，要加大对研发人员与核心员工的激励，发挥员工的主观能动性，为公司创造效益。在这个阶段可以使用许多股权激励模型。

业绩股票实质上是年终奖金的变化形式，也是目前最普遍的股权激励方式。可以快速激励员工提高个人业绩，并且操作简单。但缺陷是激励对象的责任定义和绩效指标不确定。延期付款的激励措施只能确保在公司股价上涨时不会损失其利益，因此激励是不够的。股票增值权、虚拟股票通常适用于上市公司，由于成长前期的高新技术企业尚未上市，这两种方式先不予考虑。

最后，成熟期。成熟期企业技术趋于成熟，在此期间，许多高新技术企业具备上市条件，可以进行二次融资，风险投资逐步退出。公司可以不断地开发新技术，投资新产品，研发人员有很大的发展空间。成熟期是吸引技术人才的关键时期，技术入股也适用于这一阶段。随着企业的上市，股票期权应用越来越广泛。

选择股权激励模式可以赋予员工购买股票的期权，使激励更加灵活，激励更加有力，值得该集团内各公司推广。

（二）强化激励体制的公平性

1. 调整固定工资比例

在该集团各公司的薪酬结构中，固定薪酬所占比例一般较高。如果固定薪酬比例过高，会导致员工没有进取心，混混度日等现象，削弱了薪酬的激励作用。因此要适当降低固定工资的比例，增加可变工资比例，这样才能激励员工提高工作积极性。

宽带薪酬结构将改变传统的薪酬管理模式，提高薪酬的激励效果。所谓的"宽带薪酬结构"是用跨度大、等级少的工资模式取代原来跨度小、等级多的工资模式，原来的十几个甚至二十个工资等级降低到几个等级，可以消除狭窄工资水平造成的工作之间的水平差异。同时，扩大了与每个工资水平相对应的工资范围，从而形成了新的工资管理制度和运作流程。与此相对应的是窄带薪酬模式，即工资级别多，差距小。目前，该集团内大多公司仍采用传统的薪酬管理模式。

2. 实施差异性薪酬标准

公司在激励员工的时候，应该对不同的岗位设置不同的薪酬标准，该集团内各公司对研发人员、行政人员、生产人员等不同岗位员工制定的薪酬标准都是相似的，从表面来看，这似乎体现了公平性，但这种模式忽视了各岗位人员的差异，一些重要岗位的员工受到了影响，影响他们工作的积极性。在知识经济时代，应该区别对待核心员工和普通员工，特别是核心研发设计人员，他们拥有先进的专业技术，对集团公司的贡献是普通员工无法比拟的。公司应重视对他们的激励，薪酬差异化激励是重要的激励机制之一。在保证公平的基础上，不同岗位的员工实行不同的薪酬标准，并适当扩大普通员工与核心员工的薪酬等级差距，当普通员工看到核心员工待遇的优势时，他们会积极学习先进的知识和经验，成长为核心员工，这对公司的发展是有利的，该公司应按照岗位的不同特点，对不同员工实行不同的薪酬方案。

3. 建立客观合理的考核体系

集团内各公司目前的考核体系在考核方法和考核内容上还有一些需要进一步修改和完善的地方。在修订考核指标时，应注意以下方面：

（1）客观性。客观性是指企业在制定考核指标时，应提前对员工的实际情况开展调查，避免偏见、误解等因素造成的误差。集团内各公司在设计评价指标时应尽量量化，用实际数据增加考核的公平性。因为考核结果涉及每个员工的切身利益，只要有一点不公平，就会造成员工的不满甚至离职。因此建立多渠道、多层次的绩效考核体系是非常必要的，也是保证评价客观性的前提。因此，在考核员工前，可以让员工根据实际情况进行自我评价，员工开展自我评价，不仅可以提高评价的实际性，还可以降低员工的防御心理，更有利于保证考核体系的客观性。

（2）针对性。所谓的针对性是指建立考核指标时要根据不同岗位的工作特点，有针对性地设置考核指标。例如，在设置研发人员的考核指标时，要根据新产品开发的难度，测试和认证通过率，开发带来的效益以及开发的成功率等因素设置，该集团公司只有制定有针对性的薪酬考核体系才能吸引和留住公司的关键人才。

（3）公开公平性。绩效考核是一把双刃剑。公平的考核可以激励员工，提高团队合作水平。如果不公平，会严重挫伤研发人员的积极性。为了保证绩效考核的公开公平性，有必要在评估过程中公开详细的考核结果。当员工不同意自己的评估结果时，考官需要耐心地解释。当考核结果有明显错误时，考核人员应敢于接受和纠正。同时，考核人员需要不断提高个人业务能力。以相同的原则、不同的方法对不同岗位的员工进行考核，是保证公平的重要前提。这就要求考核人员在制定和评价绩效指标的过程中，不能图省事简化考核标准，应公开考核指标寻求员工意见后制定。

4. 构建公平竞争规范的晋升通道

（1）该集团公司要严格按照科学的设计流程建立晋升通道。从基层岗位到管理岗位的发展要有明确的晋升路径，使员工可以通过晋升机制了解自己的职业发展，明确自己奋斗的方向，对自己的未来有更准确的定位。

（2）应该对不同职位的晋升进行严格的制度规划。也就是说，员工的晋升条件和标准应该有明确的制度规定，以便员工可以通过理解晋升制度的要求，找出自己的缺点和不足，并积极改进，以便更快地提升自己。要科学合理地设置晋升机制的条件，不能因为条件过于苛刻使员工对晋升失去兴趣，影响员工的工作积极性。但也不能对员工技能水平的要求过于放松，应根据本公司的实际情况灵活设置晋升条件。

此外，晋升机制应该对所有员工公开透明。符合要求的员工必须得到晋升，不能因为其他员工和领导亲近或暗箱操作等被挤掉。另外，晋升制度的公平性不能受领导个人指示的影响。

（三）加强专业性人才培训

在知识经济时代，加强培训是提高企业经济效益，提升员工附加值并留住人才的有效手段。因此该集团公司要加大对员工培训的投资，特别是加强专业性人才的培训，从而激发员工工作潜能。本书主要从确定培训激励方案、完善培训体系建设、注重培训效果评估三个方面开展。

1. 确定培训激励方案

（1）在培训活动开展之前，人力资源管理部门要对员工的学习能力及业务水平充分地调查，了解员工目前的能力水平以及对相关知识的学习需求，从而有针对性地制订培训计划。

（2）公司在开展培训活动之前，要准确地认识公司未来的发展前景，通过对未来的发展进行规划，确定公司目前需要的工作技能，并结合员工的学习需求对所缺乏的相关技能有一个明确的认识，从而制订培训计划。

（3）提前安排培训所需要的场地、教材或者指导方法，安排培训讲师，确保培训活动能够顺利展开。

（4）合理安排培训时间，可以通过轮班机制，在轮班间隙培训学习，员工既不耽误工作进度，又能得到培训机会，同时不耽误员工的休息时间。

（5）动态跟踪培训过程，加强培训效果反馈，确保培训的质量。可以通过问卷调查了解员工在培训活动中的满意度，或者匿名反应培训出现的问题并根据反馈情况做出相应的调整。

（6）培训与绩效考核或增加薪资相挂钩。员工接受培训后，要进行培训绩效考核，包括对岗位技能的测试和对理论方面的考核等，将考核结果综合到绩效考核体系中，让员工的培训结果影响他们的工资增长或职位晋升，从而鼓励员工注意培训内容，提高培训效率。

2. 完善培训体系建设

（1）设置多样化的培训模式。目前，该集团内公司大多采用课堂教学的方式对员工培训，单一的方式降低员工参加培训学习的兴趣。为了增强培训效果，公司应该设计更加多样化的培训模式。

第一，培训地点的多样化。培训地点不应该局限于公司内部会议室内，可以根据培训内容安排不同的培训地点。例如，生产员工应该在生产现场学习，通过实际动手操作提高工作技能。公司安保人员在室外进行格斗训练，提升自己的安保水平。

第二，培训形式的多样化。培训不应只采取课堂教学的方法，很多员工对听取理论讲解并不感兴趣。可以安排管理人员去其他公司参观学习，通过感受其他公司先进的管理理念，才能提升管理人员的技能水平。销售人员可以和业绩能手一起出差完成业绩，学习业绩能手的销售手段。公司可以组织员工聚餐或举行活动，在活动中让员工相互合作，通过相互讨论了解和改进自己的缺点；也可以选拔能力出众的人才到高校进行培训学习，提高员工参加培训的积极性。

第三，培训手段的多样化。知识经济时代更依赖于现代设备的应用。集团内各公司可以利用技术手段开展网络培训模式。例如，聘请专业的软件开发工程师，利用网络直播平台开展远程培训活动；应用部门的微信和腾讯QQ群可以通过视频或语音进行交流活动，员工在热情发言的过程中可以互相学习，互相学习。网络培训模式不受培训时间和地点的约束。不仅可以节省培训成本，更帮助员工方便快捷地参与培训活动。

（2）增强培训讲师队伍。针对集团内培训讲师授课风格欠佳、管理不到位、培训内容不足以吸引员工等现象，该集团公司可以建立一支多风格、高水平的培训讲师队伍。

目前集团内大多数公司仍然注重内部培训。许多高层领导直接参与公司的培训，担任培训讲师。因此，高层领导是公司内部讲师的重要组成部分。此外，公司可以直接从基层员工中选拔优秀员工参加讲师培训，如销售专家（年度销售冠军）、经验丰富的管理者、熟悉业务的财务人员、熟练掌握生产操作的车间员工以及掌握先进技术的研发人员等。

为了更好地开展培训工作，提高培训讲师的工作积极性，集团内各公司可以给予培训讲师一定的物质奖励和荣誉称号，如根据培训次数支付一定的奖金；另外，可以在内部讲师的绩效上增加额外的激励措施，如开通晋升和薪酬调整的渠道，内部讲师根据上课效果可以优先晋升或加薪。可以为他们提供外部培训机会，协助他们进一步提高知识和技能；还可以进行员工投票，评选优秀的讲师，领导亲自颁奖，表达信任和关注，形成公司内部培训讲师管理常态。此外，集团内各公司应该对培训讲师进行绩效考核，对他们的教学内容、教学方法、语言艺术和教学态度进行评估，真正督促培训讲师发挥其榜样的作用。

3. 注重培训效果评估

在培训效果定性评估上，国内外学者提出了很多的建议，研究出了很多成果，从公司的实际情况出发，该集团公司可以采用美国柯克帕特里克设计的四级评价法，以此定位为公司员工培训的主要评估方法，具体流程如下：

（1）反应层评估。反应层评估是参训员工对培训喜好的反应。通过调查员工培训学习后的满意度来调查他们对培训的理解和认识。在评估过程中，应重视以下指标：培训讲师的教学质量如何，培训时间是否超时，课程内容是否具有针对性，学习环境是否满意，培训方法是否具有吸引力。负责评估的主体可以通过问卷调查或访谈的形式获取相关信息。

（2）学习层评估。学习层评估是通过测量员工对原理、事实、技术和技能的掌握程度来评价培训的质量。它比反应层评估更具客观性，因此在实际评估中应用最普遍。学习层评估可以通过笔试、现场操作、问答或工作模拟来进行。例如，通过笔试等方式了解员工的理论学习，运用实践考核或模拟练习了解和评价员工的技术操作等实际学习效果。

（3）行为层评估。行为层评估是培训结束一段时间后，由员工的上级、同事或客户观察员工的工作能力和效率是否提升来评价培训活动的效果。在这一层次的评价中，可以通过跟踪调查的方法来评估，即跟踪员工的绩效，与员工进行沟通，请受训者同事对其培训前后行为变化进行对比分析，等等。

（4）结果层评估。结果层评估是指培训后公司和员工的绩效是否得到改善，培训是否能够帮助公司达到既定的目标，因而培训效果评估中最有意义的就是结果层评估。培训结果评估可以通过公司的财务报表、产值核算等客观真实数据准确地评价。在结果层评估时，应注意运用科学的评价方法，结合公司业经营规模和具体能力应用"RO工体系"。"RO工体系"就是我们常说的"投资回报率"，能够准确量化公司员工参加培训活动的效果。即通过培训收益（生产效率、经济收益）和培训成本对比这一财务数据，来评估与分析相关培训活动对公司经济利润的正负影响，具体公式为：POI=培训净效益／培训成本。

（四）企业与学校建立长期合作关系

校企合作是近年企业招聘和开发人才的重要途径。公司与高等教育机构联合办学，借助高校教育资源，可以提高员工的学历或专业技术知识。同时，学校可以将文化素质较好、接受能力较强的毕业生送到公司，这不仅可以轻松满足企业的就业需求，也培养了公司未来管理层的后备资源。要想在公司和学校之间建立合作关系，该集团公司应该从以下两方面着手：

第一，在培训前，参与教育或培训的人员与公司签订一段时间（通常为5～8年）的服务协议。公司为员工提供学习机会、学习时间和部分学费或者全额学费，这样公司就可以选择表现优秀、有潜力、有强烈学习和晋升需求的员工进行特殊教育。由于服务协议的限制，大部分经过培训的员工会选择留在集团公司服务。这样不仅提高了员工的素质，也提高了员工的稳定性和公司的满意度。

第二，可以在集团公司内部建立实践教学中心。企业提供场地、设备、住宿及相应的技术人员，为在校学生提供切实的学习机会。愿意在学习期间到公司工作的学生，可以由校方推荐到公司参加一个学期或一年的实践活动。这样学校就可以利用公司的场地设施和技术指导，完成教学任务，培养专业人才，为学生未来的发展提供一条道路。集团公司也可以利用学校的师资和教学管理，培养出未来需要的专业人才。

第三，集团公司与学校签订定向培养合同。根据各子公司对岗位的需求，学校有针对性地培养公司未来需要的专业人才。学生在学校期间学习公司需要的知识和技能，毕业后，学生直接到公司报道，通过考核后可以上岗工作。

校企合作是理论与实践相结合的全新合作方式，不仅符合知识经济时代的要求，还为集团公司与学校的共同发展都带来了机会。

第四节　知识经济时代下的企业人力资源生态环境建设

在知识经济时代大背景下，人力资源的管理更多的是"知识人"的管理，智力劳动成果的效益远远超乎"体力劳动"带来的效益。在知识经济时代，提高"效率"仍然是企业管理的重要目标，由过往的提高"体力生产率"到现在的提高"脑力生产率"由过往的"管人"变成了现在的"通过管人来管理知识"。传统的人力资源管理也将伴随着企业经营理念的变化而不断变革，这场变革是革命性的，是在继承传统人力资源管理的"精华"之上，结合时代要求的不断创新与发展。

在知识经济这个大的时代背景下，人力资源更加注重"智力劳动"的效益。那么企业的人力资源管理就必须把生产线、规则制度、企业的组织架构等"硬环境"和企业文化、员工的工作作风、价值观等"软环境"相结合起来；不仅从企业内部来分析和管理人力资源，也将各类社会条件有机地结合起来。人力资源生态环境就是在这样的情况下产生的，即在知识资本化下形成的企业人力资源管理理念所处的环境和条件构成的系统。知识资本化、企业发展"品牌"化、信息网络化等，不仅是知识经济时代背景下企业管理的基本特征，也是企业人力资源管理的重要因素。知识经济的发展带来的这一系列变化，在改变人们对于人力资源管理的认知上，不断改变着人力资源管理所处的环境和条件；因此，我们必须加快树立人力资源生态环境建设的理念。

在传统的人力资源管理中，人力资源生态环境是严肃而死板的规则制度、重复且无差异的体力劳动、固定无创新的企业流程和封闭的企业组织架构等，往往容易忽视企业文化等"软环境"的建设。在知识经济时代，就必须树立全新的人力资源生态环境观念，通过把握探索、创新，使知识资本能够创造最大的效益。"知识资本"就是将"知识"转化为"资本"，在这个前提下，知识可以分为既有知识和创新知识两种类型。既有知识是企业在过去的发展过程中已经产生的知识，如企业的品牌、技术、管理模式等，这些知识往往都是独立于创造它的人之外的，部分甚至可以运用法律手段加以规范和保护。创新知识是指人们在企业的发展过程中运用自己的智力创造的新知识，是对既有知识的完善和创新。然而，这些知识往往不能独立于创造它们的人之外，资本化的过程也不容易。在知识经济时代下，必须加强对人才和知识的管理，显然，创新知识的管理要比既有知识的管理更重要。知识经济时代企业人力资源管理的实质就是知识资本化和知识资本化的效率问题。

人具有主观能动性，是创造知识的主体，也是知识在转化为资本过程中的关键因素，人力资源的生态环境建设如果能够赢得人才的心，才能够在企业的发展过程中创造更多的智力成果，将更多的知识转化为资本。反之，企业就会失去人才，也就失去了知识资本，便难以在知识经济时代中继续发展下去。所以，企业必须树立人力资源生态环境建设的理念，并加快人力资源生态环境建设的步伐。

知识经济时代的企业人力资源生态环境是由软、硬两个环境组成的。硬环境是指企业内部的管理模式、组织架构、规章制度等和企业外部的社会经济制度、社会生产力发展水平等；软环境是指企业内部的精神、文化、工作作风、企业品牌等和企业外部的社会风气与风俗、客户关系、民族文化等。相比之下，企业人力资源的硬生态环境建设起来更容易，而软环境只有根据时代的要求不断创新，才能有所改善。首先，企业人力资源生态环境的建设必须抓住核心，即加快建设企业内部软、硬生态环境；同时，"也必须关注企业外部关联的生态环境，如民族文化、客户关系、同业竞争关系等"[①]。其次，企业人力资源生态环境的建设是软、硬兼顾的。一方面，硬环境是基础，硬环境达标了，软环境才能更好地实现；另一方面，软环境是最高境界，硬环境的建设需要软环境来丰富内涵。再次，企业要树立长远的目标，将人力资源的生态环境建设统筹进企业的战略发展中去，为人才创造良好发展的生态环境，在知识经济时代下充分发挥知识资本的效益。最后，核心技术已经成为企业在时代背景下竞争的关键因素所在，只有将企业的核心技术研发与企业的人力资源生态环境建设紧密联系在一起，才能真正发挥知识资本的效力，保证企业在竞争中生存发展下去。

---

① 张金清. 知识经济时代企业人力资源管理的变革与人力资源生态环境建设 [J]. 商讯，2019（14）：194.

参考文献

[1]程碧花.创新驱动发展战略下高校人力资源管理应对机制研究[J].延边教育学院学报,2020,34(5):77.

[2]程建荣.互联网时代高校人力资源管理的创新研究[J].农家参谋,2020(23):176.

[3]褚吉瑞,李亚杰.人力资源管理[M].成都:电子科技大学出版社,2020.

[4]崔运政.行政事业单位会计理论与实务[M].上海:立信会计出版社,2015.

[5]董堃.基于知识经济下的企业经济管理创新与实践[J].中国商论,2018(2):96-98.

[6]冯之浚,潜伟,方新.大力加强智力投资提高人力资源质量[J].科学学研究,2017,35(1):1-3.

[7]郭莎莎.高校人力资源管理的现实困境与对策研究[J].经济师,2022(7):259.

[8]郭熙保.发展经济学[M].北京:高等教育出版社,2020.

[9]韩喜平,郝婧智.人力资源优化与新发展格局构建[J].重庆理工大学学报(社会科学版),2022,36(3):22-29.

[10]侯龙真,赵杰.应用型高校创新创业师资管理策略探析:基于现代人力资源管理的视角[J].菏泽学院学报,2020,42(6):64.

[11]黄冠铭.刍议知识经济时代高校辅导员促进学生学习职能的重要作用[J].南国博览,2019(8):110.

[12]李程.新经济时代人力资源管理的创新及发展[J].中国商论,2022(3):129-131.

[13]李河韵.创新发展理念下人力资源管理体系的构建研究[J].中国商论,2021(18):146-148.

[14]李宁,赵宁.事业单位内部控制规范实施方法探析[J].现代经济信息,2018(8):147.

[15]李燕萍,李锡元.人力资源管理[M].武汉：武汉大学出版社,2020.

[16]李一鸣.高校学生知识经济时代下职业生涯指导分析与思考[J].中国校外教育,2010（S2）：24.

[17]刘颂迪.新知识经济背景下高职青年教师科研诚信的提升路径探析[J].潍坊工程职业学院学报,2022,35（2）：90.

[18]刘学华.行政事业单位会计[M].上海：立信会计出版社,2012.

[19]莫玲娜.知识经济与现代企业管理创新[M].成都：电子科技大学出版社,2015.

[20]钱春凤.知识经济时代企业人力资源开发与企业管理研究[J].营销界,2021（31）：145-146.

[21]钱永丽.知识经济时代企业人力资源管理的角色定位[J].企业改革与管理,2020（2）：96-97.

[22]任军峰.知识经济与高校学生管理分析[J].南国博览,2019（4）：209.

[23]邵之倩.知识经济时代的图书馆人力资源管理创新[J].兰台内外,2019（14）：41.

[24]孙伟.人力资源管理在事业单位中创新发展的路径[J].商业文化,2021（34）：74.

[25]王静,杨士英,张伏玲.知识经济背景下旅游企业人力资源管理创新与优化[J].商业文化,2020（27）：26.

[26]王永杰,张略.知识经济与创新[M].成都：西南交通大学出版社,2014.

[27]王昭.深化改革背景下后勤服务类事业单位人力资源管理研究[D].济南：山东建筑大学,2019：12.

[28]魏迎霞,李华.人力资源管理[M].开封：河南大学出版社,2017.

[29]吴建平.知识经济时代下高校人力资源创新管理的思考[J].财经界,2022（9）：158.

[30]徐海燕.人力资源管理发展的新趋势及其启示[J].中国商贸,2015（3）：48-50.

[31]许崇正.人的发展经济学教程：后现代主义经济学[M].北京：科学出版社,2016.

[32]杨武岐,田亚明,付晨璐.事业单位内部控制[M].北京：中国经济出版社,2018.

[33]杨雅恬.知识经济时代企业人力资源开发与管理对策创新[J].今日财富,2021

（20）：202.

[34] 杨阳.知识经济时代下高校辅导员与学生人际隔阂问题分析[J].农村经济与科技，2016，27（3）：151.

[35] 姚嘉顺，薛丽红，彭丽.新知识经济背景下民办高校教师队伍流动现象心理动因探究[J].国际公关，2019（8）：206.

[36] 伊君.论知识经济时代事业单位人力资源管理创新[J].商业观察，2022（11）：67.

[37] 张金清.知识经济时代企业人力资源管理的变革与人力资源生态环境建设[J].商讯，2019（14）：194.

[38] 张雪芬，倪丹悦.行政事业单位会计[M].苏州：苏州大学出版社，2018.

[39] 张艳新，杨莼莼，岳华，等.基于人力资源管理视角的高校创新创业师资队伍建设研究[J].高教学刊，2020（19）：41.